비즈니스 협상론

후회 없는 결정을 위한 협상 전략

BUSINESS
NEGOTIATION

비즈니스 협상론

글로벌 협상 전문가가 알려주는
협상의 성공부터 실패 사례까지

국제변호사 김병국 지음

RHK
알에이치코리아

협상의 목적은
모두 함께 승리하는 것이다

영국의 시인 바이런은 시집 《차일드 해럴드의 순례》를 출판한 뒤 유명인이 되자 이렇게 말했다. "어느 날 눈을 뜨고 나니 갑자기 유명해졌다." 나도 잠시 《비즈니스 협상론》을 통해 바이런처럼 유명한 저자가 된 것이 아닌가 하는 착각을 한 적이 있다.

얼마 전 한국 기업을 유럽의 다국적 기업에 매각하는 협상을 이끌었을 때의 일이다. 철저하고 체계적인 준비 위에 협상의 기술을 활용한 덕에 고객이 기대했던 것보다 훨씬 더 좋은 조건으로 매각 협상을 마무리했다. 그런데 회사를 매수한 유럽의 기업이 공장부지 허가와 관련한 중대한 사실을 협상과정에서 밝히지 않았다는 것을 이유로 매도자인 고객을 상대로 손해배상을 요구하는 중재를 신청해왔다. 유럽 회사를 대리한 우리나라 최대 법무법인은 중대한 사실을 밝히지 않았다는 것을 입증하기 위하여 여러 가지 증거를 준비하고 제출하는 작업을 진행했다. 준비된 증거 중 하나로 필자의 《비즈니스 협상론》의 내용 중 '진실을 말하되 전부 다 말하지는 말 것'이라는 부분을 거론하였다. "이 책의 내용에서 시사하듯 매각 협상을 진행한 협상가는 그가 집필한 책에서 표현한 대로 중대한 사실을 밝히지 않았음에 틀림없다"는 논리를 전개한 것이다. 그러나 이 주장은 책 중에 극히 일부분에 해당하는 것이며 전체적인 시각에서 볼 때 필자의 생각을 왜곡하는 것이라고 판단되어 중재판정 과정에 큰 영향을 미치지는 못했다.

중재 과정에서 해외에서 진행되는 분쟁 해결에 《비즈니스 협상론》의 한 부분이 영어로 번역되어 다뤄지는 것을 보며 '내가 마치 바이런이 된 것이 아닌가.' 하는 생각이 스쳤던 것이다.

20여 년 전에 손을 본 두 번째 개정판이 아직도 우리나라 최대 법무법인의 변호사들도 읽어야 하는 책이 되었다는 생각에 기쁘기도 했다. 하지만 이 책을 서점에서 구하는 것이 어렵다는 많은 불평이 있었음에도 게으르게 살아가는 내 모습을 되돌아보며 마음이 편하지 않았다.

《비즈니스 협상론》 초판이 나온 지 벌써 25년이 넘는 시간이 지나갔다. 이 기간 동안 우리의 삶은 더 편리해지고 풍족해졌으나 행복의 크기와 삶의 질은 같은 방향으로 움직이지 않았다. 이제 우리나라는 더 이상 살기 좋다던 '조용한 아침의 나라'가 아니라 '헬조선'이라는 자조적인 표현이 더 어울리는 곳이 되었다.

비즈니스를 하는 사람들에게는 상생하는 사회가 아닌 상대방을 밟고 지나는 것이 삶의 지혜가 되었다. 또 정치꾼들의 극단적인 편 가르기는 다른 생각과 이념을 가진 사람들을 공동체에서 없애야 하는 적으로 규정하도록 영향을 끼쳤다. '갑질'이라는 표현이 언론에 등장하며 갑과 을이 공존해야 하는 사회 구성원이 아니라 서로를 적으로 인식해야 하는 사회가 되었다.

이런 사회적 변화를 보며 한쪽이 일방적으로 이기거나 지는 승자독식Winner takes all 사회에서 다 함께 이기는Everyone wins together 사회로의 변화를 만들 수 있으면 좋겠다는 바람이 생겼다. 쌍방이 함께 이기는 방법을 찾아가는 비즈니스 협상의 기술과 방법을 이 책을 통해 익힐 수 있다면 비즈니스 협상가로 또 협상의 기술을 가르쳐온 전문가로 긍정적 사회 변화에 일조할 수 있을 것이라는 욕심도 생겼다.

그렇기에 독자들이 이 책을 읽어가며 다음과 같은 생각을 할 수 있으면 좋겠다.

- 상대방의 것을 일방적으로 빼앗아 가는 것은 협상이 아니라 전쟁이다.

- 이 책은 싸움의 기술을 익혀 상대방을 제압하는 병법서가 아니다.
- 협상 기술을 이용해 얻어내려는 것은 '나의 승리가 아니라 우리가 함께 이기는 승리이다.'
- 이런 협상의 기술을 익히는 것은 내 삶의 성공과 행복을 가져다주는 가장 큰 경쟁력이다.

이런 바람과 욕심이 실현될 수 있도록 도움을 준 사람들이 있다. 귀차니즘에 빠지려는 남편의 곁에서 응원과 격려를 해준 아내 서우 그리고 개정판을 출판하는 과정에서 여러 가지로 도움을 준 알에이치코리아의 여러분들이다. 그분들께 진심으로 감사를 전한다.

2023년 8월
김병국

차 례

1부 협상 전문가는 세상을 다르게 산다

2부 성공하는 협상 전략 36계

3부 이제 당신도 협상 전문가이다

BUSINESS
NEGOTIATION

협상 전문가는
세상을 다르게 산다

협상가의 권리 장전

협상을 앞두고 느끼는 부담감은 그 후 많은 경험을 쌓고,
스스로 '협상가의 권리 장전'을 마음속에 받아들일 때까지 계속되었다.

벌써 40여 년이 지난 일이지만 지금도 생각하면 숨이 막혀 오고 가슴이 답답해지는 기억이 있다. 대학 졸업 후 해외 건설 전문인 쌍용종합건설 주식회사에 입사했다. 지금은 이해가 안 될 이야기이지만 사람이 부족하던 때라 영문학을 전공하고 당시에는 드물었던 운전면허를 가졌으며 타이핑까지 능숙하다는 이유로 입사 6개월 만에 말레이시아 쿠알라룸푸르 지사 창설 멤버로 파견되었다. 장기간 체류해야 했으므로 지사 사무실에 필요한 가구들도 꽤 되었다. 문제는 함께 파견된 과장님의 특별한 주문에서 발생했다. 예산 절감이라는 측면에서 중고 가구를 구입하라는 지시가 떨어졌다. 새 가구였다면 아무 가구점에 들어가서 마음에 드는

것을 손가락으로 주문하고 정가표대로 지불만 하면 됐을 텐데 말이다.

외국에 난생처음 나가본 나는 영어로 이야기해본 경험이라곤 외국인 교수들과 인사를 나눈 정도에 불과했다. 그런 내가 한국에서도 사본 적이 없는 중고 가구들을 영어로 협상해서 구매한다고 생각하니 답답한 마음뿐이었다. 원래 낙천적인 사람인 나도 스트레스 때문에 잠을 이룰 수 없을 지경이었다.

무거운 마음으로 현지 상인과 마주 앉았고, 협상이 시작되었다. 무슨 뜻인지 못 알아듣는 말이 많았으므로 일일이 물어가며 협상을 해야 했는데, 못하는 영어가 부끄러워 나중에는 포기하고 대충대충 고개를 끄덕이기만 했다. 마음에 들지 않는 한두 가지 문제점을 지적하다가 혹시 내가 한국 사람으로 너무 자잘한 사람이라는 인상을 주기 싫어 웬만한 것은 그냥 넘어가버리고 말았다. 결국 흥정도 제대로 못하고 필요한 덤도 변변히 얻어내지 못한 채가구를 사고 말았다. 이 일을 겪은 이후 나는 협상을 앞두면 지나치게 부담을 느꼈고, 결과 역시 만족스럽지 못한 적이 많았다. 그러나 오랜 경험 끝에 협상가의 절대 권리 몇 가지를 터득한 뒤로 협상에 대한 두려움도 사라졌다.

협상에 대한 부담감은 비단 나만 느끼는 것은 아닐 것이다. 나는 야무지고 똑똑한 직장 여성을 한 사람 알고 있는데, 그녀는 좀처럼 시장에서 물건을 사려고 하지 않는다. 조금 비싸더라도 백화점에 가서 필요한 물건을 산다. 부자이거나 유명 브랜드를 즐겨 찾기 때문이 아니다. 단지 시장에서 흥정할 때 받는 스트레스가 싫어서이다. 가격을 가지고 협상하기 위해 밀고 당기기보단 비싸더라도 백화점에서 표시된 가격을 주고 사겠다는 것이다.

운전 중 자동차가 갑자기 서버리면 차를 정비공장으로 보내야 한다. 자동차에 대해 아는 것이 없는 대부분의 사람에게는 정비공장에서 제시한 견적서를 가지고 협상해야 한다는 것이 초조하고 불안한 일일 것이다. 이렇듯 매일매일 느닷없이 부닥치게 되는 협상 때문에 고민하는 보통 사람들에게 '협상가의 권리 장전'을 소개하려 한다.

1조 : 나에게는 상대방의 말을 못 알아들을 권리가 있다

협상에서 오는 스트레스는 상대방이 하는 말을 다 이해해야 한다는 데에서 올 때가 많다. 구매자인 우리는 그 물건에 대해서 판매자의 지식을 앞지를 수 없다. 당연한 일이다. 상대방과 나는 서로 자라온 배경과 교육받은 내용도 다르다. 그런데 어떻게 상대방이 짧은 시간 동안 해주는 설명을 금세 다 알아듣고 이해할 수 있겠는가?

그럼에도 과거의 나를 비롯한 많은 사람들은 상대방이 하는 말을 모두 이해해야만 한다고 생각한다. 아마도 내가 미련하거나 우둔한 사람이라는 인상을 주고 싶지 않기 때문일 것이다. 이런 완벽주의가 협상을 그르치는 주요인이 될 수도 있다. '상대방의 말을 못 알아들을 권리'가 있는 나는 언제나 당당하게 몇 번이고 반복해서 물을 권리가 있다.

"당신의 설명을 못 알아듣겠습니다. 다시 설명해주시겠습니까?"

2조 : 나에게는 협상 중 실수할 권리가 있다

협상을 진행하면서 순간의 실수로 해서는 안 될 발언을 한 경험이 있는가? 수도 없이 많을 것이다. 협상을 하기 전 항상 무슨 말을 할 것인지 미리 생각하고 시작하는 나도 때때로 해서는 안 될 실수를 저지른다. 아침에 양보해놓고 점심을 먹으며 곰곰이 생각하다가 괜히 양보해주었다고 후회하는 일이 다반사다. 실수하지 않으려고 신경을 곤두세우고 협상을 진행하지만 인간인 이상 실수하지 않을 수는 없다. 그런데 대부분의 사람들은 자신이 실수할 수 있다는 사실을 인정하려 들지 않는다. 그래서 일단 실수한 일에 대해서 바로잡기보다는 덮어두려고 하는 경향이 있다. 결과적으로 또 다른 실수를 추가하게 된다.

'실수할 권리가 있다.'는 말은 '필요하다면 내가 저지른 실수를 정정할 권리도 있다.'라고 표현할 수도 있다.

3조 : 나에게는 우유부단하게 행동할 권리가 있다

협상을 진행하면서 상대방이 요구하는 대로 그때그때 결정할 필요는 없다. 상대방은 이미 어떠한 사안에 대해 깊이 생각하고 결과가 어떻게 될 것인지 충분히 예상한 후에 요구를 한다. 하지만 나는 상대방처럼 충분한 시간적 여유를 두고 생각하지 못한 상태이다. 이때 나에게 필요한 것은 결단력 있는 멋진 사람이라는 인상을 주는 것이 아니라 "아무래도 생각할 시간이 필요한 것 같습니다. 나중에 답을 드리도록 하죠."라고 대답하는 우유부단한 모습이다. 나는 협상 테이블에 앉아서 상대방과 연애를 하고 있는 것이 아니다. 내가 손해를 보면서까지 상대방 마음에 들도록 행동할 필요는 없다.

4조 : 나에게는 똑같은 말을 반복할 권리가 있다

협상을 하는 우리는 상대방의 귀를 즐겁게 해줄 의무가 없다. 필요하다면 상대방이 듣기 싫어하는 말이지만 반복할 수 있는 권리가 있다. 상대방을 즐겁게 해주려고 말을 하는 것이 아니라 내가 가지고 있는 생각과 의견을 전달함으로써 상대방을 설득하고자 말을 하는 것이다. 중요하다고 생각되면 몇 번이고 반복해야 한다. 준비한 자료가 다 떨어졌으면 이미 한 말을 반복한다고 해도 잘못은 아니다. 똑같은 말을 여러 번 들을수록 상대방 뇌리에는 내가 원하는 것이 깊게 박힐 것이다.

5조 : 나에게는 상대방의 질문에 답하지 않을 권리도 있고 질문에 대한 답을 모를 권리도 있다

체계적인 교육을 받은 우리들은 대부분 질문을 받으면 반드시 대답을 해야 한다는 강박관념을 가지고 있다. 이러한 강박관념은 협상에서도 그대로 나타난다. 상대방이 질문을 하면 어떻게든 즉시 답을 주어야 한다고 생각한다. 그러나 상대방은 당신에게 답변을 강요할 권리가 없다. 사람을 죽인 살인범에게도 묵비권을 행사할 권리가 보장된다. 하물며 내가 불리해질지도 모를 사안에 대해서 대답하지 않을 권리가 있는 것은 당연하다. 이를 활용함으로써 상대방 질문에 답변할 때마다 상대방의 반응을 생각하며 받는 스트레스에서 벗어나자.

사람들이 가장 하기 싫어하는 말 중 하나가 "잘 모르겠는데요." 이다. 자신의 무지함이 드러나기 때문이다. 그러나 이런 대답을 할 줄 모르는 협상가는 결과적으로 실패할 수밖에 없다. 자신이 잘 모르는 것을 감추기 위해 너무 많은 이야기를 하게 되고, 그 이야기 중에는 상대방에게 알리지 말아야 할 사실이 포함되는 경우가 흔하다.

협상은 모범 답안을 작성해가는 과정이 아니다. 항상 맞는 대답을 할 필요도 없고 알고 있는 전체를 다 말할 필요도 없다. 때때로 "나는 답을 모른다."라는 말이 가장 훌륭한 정답일 수도 있는 것이 협상이다.

6조 : 나에게는 나만의 의견을 가질 권리와 억지를 부릴 권리가 있다

협상에서는 당신의 의견이 옳고 그름을 따지며 유·무죄를 판단하는 배심원도 없고, 당신의 의견이 얼마나 합리적인가를 평가하는 기준도 없다. 당신이 마음에 들지 않으면 아무 이유 없이 상대방의 의견을 받아들이지 않을 권리가 있다. 이와 마찬가지로 당신의 의견을 비논리적으로 전달할 수도 있으며 당신의 감정을 표현할 권리도 있다. 상대방의 제안이 아무리 합리적이고 옳아 보여도 거기에 동의할 필요가 없는 것이다.

사실 이 조항이 내가 가장 행사하지 못하는 권리이다. 항상 논리적으로 사고하고, 합리적이면 설득당하도록 훈련받았기 때문에 상대방이 논리와 합리성을 앞세워 의견을 제시하면 참으로 거절하기가 어렵다.

그러나 다시 한번 생각하자. 때때로 내가 원하는 것을 얻어내기 위해서는 자신의 감정을 그대로 표현하는 것이 효과적일 때도 있다. 어떤 때는 논리보다 억지가 더 효과적일 때도 있다. 필요하다면 때때로 이 권리를 주장해야 한다.

7조 : 나에게는 상대방으로부터 나쁜 사람이라는 소리를 들어도 괜찮을 권리가 있다

모든 사람은 상대방에게 좋은 사람이라고 칭찬 듣기를 좋아한다. 그래서 나쁜 사람이라는 소리를 듣지 않기 위해 많은 것을 양보하기도 한다. 이것이 인간의 본성이기는 하지만 특별히 이런 성향이 강한 사람은 협상가로서 실패할 확률이 높다. 상대방은 당신의 이런 성향을 이용해 원하는 것을 쉽게 얻어낼 것이다.

협상은 본질적으로 갈등 속에서 진행될 수밖에 없다. 서로 충돌되는 가치관, 생각, 사안들이 있기 때문에 협상이 존재한다. 당신이 상대방에게 하는 요구는 서로 이해가 상충하는 것으로 상대방에게 달콤한 사랑의 연가처럼 들릴 수 없다. 협상을 통하여 무엇인가를 얻어내야 한다는 목적을 제대로 이루려면 아무리 고상하게 굴어도 협상 과정에서 상대방이 당신을 좋아하도록 만들기는 힘들 것이다. 협상은 인기 투표를 위한 유세 활동이 아니다.

8조 : 나에게는 나 자신의 우월성을 인정할 권리가 있다

겸손이 미덕이다. 맞는 말이다. 그러나 지나치게 강요되는 겸손 때문에 많은 사람들이 자신감을 상실한 채로 살아간다. 협상은 자기 자신의 판단과 능력을 스스로 존경하고 신뢰하지 않으면 언제나 상대방에게 끌려다닐 수밖에 없는 과정이다. 자기 자신이 가지고 있는 것을 가치가 없다고 여기거나 혹은 상대방과 비교해서 열등한 것으로 생각하며 협상을 진행하면 상대방의 처분에 따라 결과를 받아들이려고 하는 수동적 입장에서 협상을 진행할 수밖에 없다.

모든 사물에는 양면성이 있다. 개인이 가지고 있는 성격이나 특징 또한 마찬가지다. 차분한 사람과 협상을 하면서 감정적이고 즉흥적인 성격 때문에 좋지 않은 결과를 얻은 경험이 있는 사람은 자신을 신뢰하지 못한다. 감정적이고 즉흥적인 성격을 고치지 않으면 안 된다는 강박관념이 생긴 것이다. 그러나 이같이 협상 실패의 원인을 자신이 가지고 있는 특성으로 돌리면서 반드시 밖으로부터 무엇인가 새것을 배워야 한다고 생각하는 것은 너무 성급한 판단이다. 때에 따라서 합리적이고 차분하게 협상을 진행하는 것보다 감정적이고 즉흥적인 모습을 표현하는 것이 훨씬 효과적일 수도 있다.

자신이 가지고 있는 특징을 무조건 가치 없는 것으로 생각하고 바꾸려고 하기보다 나 자신의 특징을 장점으로 활용할 수 있다는 생각으로 바꾸자. 스스로의 우월성을 인정할 수 있도록 해보자. 보편적인 가치가 항상 우월하던 때는 이제 지나가버렸다. 자기 자신을 존중하며 자신감을 가지고 협상 테이블에 나갈 권리를 가지고 있는 것이다.

우리는 모두 불완전한 존재들이다. 우리가 가지고 있는 것을 그대로 인정하고 받아들이자. 완벽함을 위하여 끊임없이 노력해야 하는 것이 우리의 의무이기는 하지만 결코 완벽함을 이룰 수 없음 또한 우리의 운명이기도 하다.

협상을 앞두고 마음이 불편할 때는 언제나 '협상가의 권리 장전'을 기억하자. 편안한 마음으로 협상을 진행하여 성공을 이끌어 낼 수 있을 것이다.

여유를 부려라

가우뚱하는 나를 향해 외판원은 애써 여유 있는 웃음을 보이면서
재빨리 조그만 영어사전 한 권을 꺼내더니 어느새 내 손에 쥐어주고 있었다.

미국에 공부하러 가기 전 잠시 직장 생활을 하고 있을 때 어느
여자 외판원에게 영어 회화 교재와 테이프를 엉겁결에 구입한 일
이 있었다. 그런데 다른 동료들보다 싼값으로, 게다가 앙증맞은 영
어사전까지 받은 것을 알게 된 동료들이 내가 인상 좋고 매력적이
기 때문에 싸게 산 모양이라고 추켜세웠다. 멋쩍은 표정으로 그럴
리가 없다고 말하면서도 속으로는 '정말 그런 게 아닐까?' 하면서
은근히 기분 좋았던 것도 사실이다. 그때까지만 하더라도 협상을
체계적으로 연구한 적도 없었고, 사업과는 거리가 먼 영문학 전공
에 신학을 부전공한 사람이라 다른 사람보다 특별히 협상을 잘할
만한 이유도 없었던 터였다.

그러나 그것은 환상에 불과했다. 그 뒤 다시는 그 여자 외판원처럼 알아서 특별히 싸게 해준다거나 특혜를 베풀어주는 일은 일어나지 않았다.

그렇다면 왜 그런 일이 있을 수 있었을까? 나를 하마터면 크게 착각하게 만들 뻔했던 그 여자 외판원과의 협상 내막을 돌이켜보자.

점심시간이 지난 터라 약간의 나른함이 꾸물꾸물 밀려오고 있었다. 그때 "실례합니다." 하는 밝은 목소리가 들려왔다. 사무실에 찾아온 그 여자 외판원은 나른해하는 내 상태를 눈치챘는지 바로 내 옆자리로 다가왔다. 그러고는 제법 그럴싸하게 만들어놓은 색색 가지의 팸플릿을 늘어놓더니 타사 제품과 비교해가며 조목조목 설명하기 시작했다. 마침 유학 준비 중이던 나는 영어 회화와 토플시험 준비에 관심이 많았다. 그래서 외판원이 그토록 달콤하게 유혹했던 제품에 대해서는 좋다 나쁘다 말 한마디 하지 않고 엉뚱하게 토플시험 대비용 교재나 테이프에 대해 물어보았다. 외판원은 기껏 설명한 책에 대해서는 흥미를 보이지 않고 자신이 팔지 않는 물건을 찾자 당혹스러운 표정을 지었다.

"이 교재와 테이프로도 토플 성적은 충분히 올릴 수 있어요. 자, 보세요."

"아무리 그래도 시험 준비하는 데에는 다 요령이 있는 법인데 이 교재 가지고는 좀……."

이렇게 시작된 대화가 자신에게 불리한 쪽으로 진행되자 다급해진 외판원은 새로운 제안을 했다.

"선생님, 사실 서점에 가시면 토플시험용 책과 테이프는 얼마든지 사 보실 수 있습니다. 회사 규칙상 이러면 안 되지만 제가 토플책값을 빼드릴 테니 나중에 사 보시는 걸로 하시고…….."

여전히 망설이고 있는 나를 향해 외판원은 어색하게 웃으며 조그만 영어사전 한 권을 재빠르게 꺼냈다.

"유학 가신다고요? 주머니 속에 넣고 다니시면서 전철 안이나 뭐 그런 데에서 짬짬이 공부하시면 좋을 것 같아요."

이렇게 해서 깎아달라고 말하지도 않고 싼값에 덤까지 얻었는데 나중에 알고 보니 다른 동료들은 한 푼도 못 깎고 정가대로 구입했다고 한다. 그래서 내가 인상 좋고 매력 넘치는 남자(?)로 둔갑한 것이다.

나중에 미국 마이애미에서 있었던 협상 세미나에 참석하고서야 그때 왜 내가 더 좋은 조건으로 물건을 살 수 있었는지 이해가 되었다. '상대방이 가격이나 조건을 제시했을 때 곧바로 응답할 필요가 없다.'라는 협상 전술이 있다. 바로 여기에 해답이 숨어 있었다.

여기서 잠시 그 세미나의 내용을 소개하겠다. 일본인 특유의 협상 전략과 그 장단점을 미국인의 시각으로 분석해가며 그들이 일본인과의 협상에서 가장 당혹스러워하는 점은 무엇인지에 대해 이야기하고 있었다.

미국인의 협상 패턴은 탁구공을 주고받듯 한쪽에서 가격 제안을 하면 곧바로 상대방이 가격을 깎거나 올리자고 반응하고 이러한 상대방의 제안에 대해 또다시 역제안을 하면서 곧바로 반응을 보인다. 미국인들은 이런 패턴에 익숙한데 반해 일본인에게 가격 제안을 하면 대체로 한참 동안 대답을 들을 수가 없다. 일본인은 심각한 표정으로 뚱하니 앉아서 메모지에 알아보지 못할 일본어로 뭔가 끄적거리기도 하고, 계산기를 꺼내서 두들겨보기도 한다. 상대방이 제안한 내용에 대해 즉각적인 응답을 해주지 않는 것이다. 그러면 먼저 가격을 제안한 미국인은 이제나저제나 기다리다가 '혹시 내가 너무 터무니없이 높게 부른 건 아닌가?' 아니면 '내 물건에 흥미가 별로 없는 것 같다. 물건에 무슨 하자가 있는 건 아닌가?' 하는 생각으로 슬슬 조바심을 내기 시작한다.

상대방의 느린 반응에 익숙하지 않은 미국인은 겉으로는 냉정하고 차분해 보이지만 사실상 잔뜩 겁을 먹은 채 처음에 정했던 원대한 목표가 무너져 내리는 소리를 들으면서 이런 생각을 하는 것이다. '이런, 좀 깎아줘야 할 것 같군. 대체 얼마로 해줘야지?' 혹은 '이를 어쩌지? 뭔가 더 얹어 준다고 할까?' 참을성 없는 사람은 그 순간에 가격을 깎아주기도 한다. 어쨌든 물건을 팔긴 팔아야 하는 입장이기 때문이다. 참을성 있는 사람이라 할지라도 상대방이 드디어 반응을 보이면 워낙 기다리던 끝이라 조금 무리한 제안에도 그저 고맙게 생각하며 그제야 안도의 한숨을 내쉰다고 한다.

처음의 이야기로 돌아가자. 그 외판원은 자신의 제안에 흥미를 보이지 않고 자꾸 다른 이야기를 하는 나를 보며 이런 생각을 했을 것 같다.

'토플시험 대비용 책자라! 정말 난감하군. 물건을 사게 만들려면 토플시험용 책자를 끼워 팔아야만 할 것 같은데……. 그런 건 없고. 좋다! 내 커미션에서 가격을 깎아줄 수밖에.'

너무 쉽게 'Yes'라고 하지 마라

"시세보다 20퍼센트도 넘게 아파트를 싸게 사놓고
억울해하는 사람은 너밖에 없을 거다."

사촌 동생의 집들이에 초대받았을 때의 일이다. 강남에서도 좋은 곳에 위치한 중형 아파트를 사서 입주한 사촌은 맛있는 음식을 차려놓고 가까운 친척들을 초대했다. 결혼한 지 15년이 넘도록 집 장만을 못 하고 전셋집에서만 살던 중 거품이 빠지며 부동산 가격이 폭락했을 때 절호의 기회라 생각하고 집을 마련했다.

'사촌이 땅을 사면 배가 아프다.'라는 속담이 생각나 속으로 웃으며 작은 선물을 사 들고 찾아갔다. 식사를 마치고 이런저런 이야기를 하다 물었다.

"위치도 좋고 인테리어도 좋은데 얼마나 주고 샀어?"

"5억 7,000만 원. 그리고 이사 비용 50만 원은 집주인이 해주는 조건으로 샀지. 현금은 2억 원밖에 없었는데 은행 대출 3억 5,000만 원 하고, 회사에서 2,000만 원 대출받았어."

"그렇게 싸게 샀어? 아파트값이 정말 많이 내렸군. 예전이라면 7억 5,000만 원쯤 했을 텐데. 내가 귀국해서 집 보러 다닐 때 하도 비싸서 이 동넨 두 번 다시 오지 말아야겠다 한 적이 있거든. 아무튼 싸게 사서 기분 좋겠네."

"싸게 산 것 같기는 한데 기분이 영 찜찜해. 더 깎을 수 있었는데 하는 억울한 생각이 들어서 말이야."

"아니, 그렇게 싸게 사고도 그래? 사기 전에 주변 시세는 알아봤을 거 아냐?"

"물론 알아봤지. 시세는 6억 2,000만 원쯤 했고, 이 집은 6억 3,000만 원에 나와 있었어. 그래서 시세보다 한 2,000만 원쯤 싸게 살 수 있다면 내 1년 연봉의 절반은 버는 셈이구나 생각하고 집사람하고 작전을 세웠거든. 목표를 6억 원으로 정하고 처음에는 되든 안 되든 5억 7,000만 원에 해달라고 배짱 좋게 나갔지. 차츰 올려서 6억에 맞출 요량으로 말야. 물론 5억 7,000만 원이면 2주일 이내 현금으로 지급하고 이사하겠다는 조건을 달긴 했지만. 그런데 황당하게도 당장 계약하자고 나오는 게 아니겠어? 처음엔 이게 웬 떡이냐 하고 좋아하다가 집주인이 너무 쉽게 승낙을 하니까 혹 아파트에 이상이 있는 게 아닌가 하는 생각이 들었어. 그래서 우선 등기부등본 떼어본 다음에 하자가 없으면 바로 계약하자고 했지. 다음 날 등기부등본을 확인해보니 은행 융자 외에는 아무런 하자도 없는 거야. 결국 5억 7,000만 원에 계약서를 쓰는데 기분이 되게 찜찜하더라고. 그래서 계약하면서 이사 비용으로 50만 원만 더 깎아달라고 했더니 그것도 좋다는 거야. 그쯤 되니까 내가 왜 5억 5,000만 원을 부르지 않았나 후회막급이야. 지금도 그 생각만 하면 잠이 안 온다니까."

만약 처음에 5억 7,000만 원을 제시했을 때 집주인이 6억 2,000만 원 이하로는 절대 안 된다고 버티다가 5억 9,500만 원 정도에서 합의를 보았다면 어땠을까? 아마도 사촌은 5억 7,000만 원에 산 것보다 훨씬 기분이 좋았을 수도 있다. 물론 아내에게도 "거 봐, 내가 협상을 잘해서 시세보다 2,500만 원이나 싸게 아파트를 샀잖아." 하고 자랑도 할 수 있었을 것이다. 그런데 너무 쉽게 5억 7,000만 원에 아파트를 구입한 사촌 동생은 지금 아내 앞에서 자랑은커녕 협상 이야기조차 꺼내기 힘들게 된 것이다.

아무리 급해도 너무 빨리 'Yes'를 해버리는 습관은 협상에선 절대 금물이다. 내가 해준 양보가 협상에서 얼마만큼의 비중을 가지고 있는지에 상관없이 간단하고 쉽게 양보했다고 보이면 상대방은 오히려 이를 기회로 삼아 협상을 자신의 페이스로 이끌어가면서 더 많은 것을 요구하게 된다.

집주인이 계약을 체결할 욕심에 너무 쉽게 가격 제안을 받아들였기 때문에 싼 가격에 집을 사고도 집주인의 양보를 고맙게 생각하지 않고 추가로 다른 것을 요청하는 빌미를 주었다. 결과적으로 사촌에게도 싸게 샀다는 만족감을 줄 수 없었다.

협상 결과에 대한 만족감은 개인에 따라 차이는 있지만 꼭 내용만 중요한 것은 아닌 듯싶다. 오히려 어렵사리 상대방에게 'Yes'를 끌어냈을 때의 만족감이 더 큰 경우도 있으니 말이다.

협상 고수는 협상 결과뿐 아니라 협상 과정이 상대방에게 만족감을 줄 수 있다는 것을 알고 진행한다.

정찰 판매에도 협상은 통한다

백화점의 한 매장에 진열되어 있던 이 두 벌의 옷에는 하얀색 정가표가 붙어 있어 '이 물건은 어떠한 경우에도 협상 불가!'라는 메시지를 강하게 보내고 있었다.

예전에 한국 사람들이 해외여행 중 쇼핑을 과도하게 한다고 사회적으로 물의가 된 적이 있었다. 나도 한동안 옷을 살 필요가 있으면 한국에서 사지 않고 자주 가는 출장길에 미국에서 쇼핑을 하고는 했다. 이유는 단 한 가지였다. 당시 한국의 원화가 과대평가되어 있었고 가격에 포함된 거품 때문에 같은 품질의 제품을 미국에서는 절반 값으로 살 수 있었기 때문이다. 아무리 품질이 떨어지고 가격이 비싸도 국산품을 이용해야 한다고 주장하는 사람들에게 나는 결코 애국자가 아니었다. 그런데 지금은 누가 시키지않아도 출장 가서 쇼핑을 하지 않는다. 애국자가 되어서가 아니라 한국에서 사는 것이 훨씬 더 싸기 때문이다. 아마 나는 애국자는 못 되고 경제 원리에 따라 행동할 수 있는 양식은 갖춘 사람인 모양이다.

외환위기가 닥치기 6개월 전의 일이다. 시카고를 방문하는 동안 옷을 한 벌 사려고 노드스트롬Nordstrom에 갔다. 그곳은 1년 내내 할인 판매를 하지 않는 것으로 이름난 고급 백화점이었다. 매장에 들어서니 고급 백화점답게 패션 감각이 있어 보이는 판매사원이 아주 친절하게 나에게 잘 어울리는 옷들을 권해주었다. 그중에서 가격도 생각보다 비싸지 않고 디자인도 마음에 드는 옷 두 벌을 골랐다. 마음에 드는 옷 고르기가 그렇게 쉬운 일도 아니고 나중에 다시 찾아오는 것 역시 귀찮은 일이라 두 벌을 다 사는 것도 괜찮겠다 싶었지만, 곧 이런 생각이 들었다.

'두 벌을 사면 예산을 조금 넘기지만 이 정도야 괜찮겠지. 그런데 한 번에 두 벌씩이나 옷을 사면서 한 푼도 깎지 못한다면 좀 억울한데. 한국에서라면 최소한 넥타이나 셔츠 정도는 덤으로 얻을 수 있을 텐데 말이야. 하지만 이런 고급 백화점에서 값을 깎자고 했다가 괜히 망신당하는 건 아닐까?'

매장에 진열되어 있던 이 두 벌의 옷에는 하얀색 정가표가 붙어 있어 '이 물건은 어떠한 경우에도 협상 불가!'라는 메시지를 강하게 보내고 있었다. '괜한 망신당하기 전에 빨리 계산하고 나가자.' 하는 유혹이 들었지만 '에라, 밑져야 본전이다! 강의할 때마다 정찰제에서도 협상이 가능하다고 부르짖었던 내가 아닌가!' 하는 생각으로 가격 협상을 시작했다.

"두 벌이 다 마음에 들어요. 어떤 것을 택할지 결정할 수가 없군요. 가능하면 두 벌을 한꺼번에 다 사고 싶은데 가격을 조금 할인해주실 수 있습니까? 한 벌만 사려고 나왔기 때문에 예산을 좀 초과하거든요."

판매사원은 예상했던 대로 이렇게 대답했다.

"죄송합니다. 손님도 아시겠지만 저희 백화점은 절대로 할인을 하지 않는다는 정책이 있습니다. 어쩔 수가 없네요. 예산이 부족하시면 백화점 카드를 이용해 할부로 구입하셔도 됩니다. 6개월 무이자로 해드릴 수 있습니다."

"나도 그랬으면 좋겠지만 할부는 곤란해요. 나는 시카고에 사는 사람이 아니라 업무차 잠시 이곳을 방문한 것이거든요. 정책이 그렇다면 할인은 안 되겠군요. 그런데 혹시 매장 책임자는 할인을 해줄 권한을 가지고 있지 않을까요? 가능하면 매장 책임자를 만날 수 있게 해주세요. 한번 이야기해보겠습니다."

판매사원은 사무실로 가더니 잠시 후 아주 매력적인 여성과 함께 나타났다.

"손님, 이 분이 이곳의 매장 책임자입니다."

"안녕하십니까?"

인사를 나눈 후 다시 한번 왜 할인이 필요한지 그리고 할인을 해주면 두 벌을 다 사겠다는 의사 표시를 하였다.

이미 판매사원으로부터 이야기를 들은 매장 책임자는 이 백화점에 와서 이렇게 가격 흥정을 하는 사람은 처음 본다며 이렇게 제안했다.

"대단히 죄송합니다만 제게도 백화점의 할인 불가 정책을 바꿀 수 있는 권한이 없습니다. 그러나 손님이 두 벌을 다 사신다면 제가 오늘 저녁 식사를 대접하겠습니다. 제게 그런 권한은 있거든요."

결론부터 얘기하면 그날 나는 두 벌의 옷을 모두 정가에 사야 했다. 그러나 비록 가격 협상에서 실패했지만 매력적인 여성과 즐겁게 저녁 식사를 할 수 있었다. 지금도 그때 생각을 하면 웃음이 나온다. 가격 협상을 시도하길 잘했다고 생각하면서 말이다.

겉으로 보이는 모습에 겁먹지 말라. 모든 것은 협상의 대상이 될 수 있다.

서로를 살리는 협상

쌍방 간에 협상을 하려는 시도도 없고, 쌍방이 만족할 만한 다른 대안을 찾아보려는
노력 또한 없다. 한쪽은 이겼고 다른 한쪽은 졌다.

K 씨는 지금까지는 중형차를 굴려왔다. 그런데 꼬박꼬박 나오던
보너스는 소식이 없고 기름값은 올라가는 데다가 벌써 5년이나
탄 차여서인지 잔고장 때문에 심심치 않게 돈이 들어가기 시작했
다. 어려운 경제위기를 극복하기 위한 첫걸음으로 가지고 있던 중
형차를 처분해서 기름도 적게 들고 운영비도 훨씬 저렴한 소형차
를 구입하기로 결정했다. 아내와 여기까지는 문제없이 합의가 되
었다. 문제는 그 후에 생겼다. 덩치가 큰 K 씨는 H 사의 제품을, 아
내는 아담하고 예쁘게 생긴 D 사의 제품을 고집하면서 소형차 구
입에 마찰이 일어난 것이다.

"여보, 당신은 출퇴근도 전철로 하고 근무 시간 중에는 차를 이

용하는 시간이 별로 없잖아요. 아무래도 제가 집에 있으면서 차를 많이 사용하니 예쁘게 생긴 D 사 자동차를 사요."

"안 돼, 아무리 작은 차를 산다 해도 사람이 허리는 펴고 운전을 해야지. 그리고 D 사 자동차는 너무 젊은 애들 취향으로 나온 거라 내 나이에 그런 차를 운전하고 다니면 사람들이 웃을 거야."

이렇게 시작된 마찰은 좀처럼 진정될 기미가 보이지 않았다.

"늦었으니 오늘은 여기에서 접어두고 내일 퇴근 후에 다시 의논해요."

이렇게 잠정적인 휴전을 맺고 그날 밤은 아내의 의견대로 그냥 넘어갔다. 다음 날 출근을 한 K 씨는 옆자리에 앉아 있는 당신에게 이렇게 물어보았다.

"어젯밤에 차 사는 문제로 집사람과 좀 다퉜어. 서로 이 차 아니면 안 된다고 고집을 부리다가 결국 결론을 내지 못했지. 오늘 저녁에 다시 이야기하기로 했는데 아내의 고집을 확 꺾을 만한 좋은 방법이 없을까?"

30~40대 직장인들에게 이 사례를 소개하면서 다음과 같은 질문을 던져보았다.

"당신은 K 씨에게 어떻게 해결하도록 조언하겠습니까?"

응답자들은 나름대로 노하우를 바탕으로 가지각색의 재미난 해결 방법들을 제시했다. 그중 몇 가지를 소개한다.

첫째, 아내 죽이기

"야, 그거 하나 네 맘대로 못 하나? 다시는 딴소리 못 하도록 그냥 아내를 없애버려!"

가장 명쾌하고 확실한 대답이었다. 자신이 원하는 것을 위해 무력을 휘둘러서라도 깨끗하게 처리할 수 있는 방법이기 때문이다. 가장 확실하게 해결할 수 있는 방법처럼 보이지만 결국 이 결정의 영향은 부메랑이 되어 자신에게 돌아올 것이다. 이 방법은 인간관계가 가장 미숙한 사람들이 자신의 힘만 믿고 상대방을 무시하며 해결하려는 일반적 수법이다.

둘째, 두말없이 '나 죽었소.' 하고 항복하기

"두말 말고 항복해버려. 이거 간 큰 남자 시리즈도 모르는 사람처럼 왜 이래? 부인의 뜻대로 해도 살아가기 힘든 세상에 감히 도전장을 내밀다니. 오늘 당장 가서 사과하고 아내가 원하는 D 사 자동차를 사도록 해."

당신은 비록 마음속에 불만이 있을지 모르지만 어찌 되었든 두 사람 사이의 갈등은 이렇게 해소될 수 있다. 그러나 문제는 이렇게 항복한 사람은 언제나 진심으로 만족하지 않는다는 데 있다. 겉으로만 한 항복은 진정한 합의가 아니기 때문에 당장은 해결된 것처럼 보이던 문제가 언제고 다시 불거져 나올 가능성이 있다.

기업 내의 회의에서 그 대표적 예를 찾을 수 있다. 인간관계가 제대로 정립되어 있지 않아 상하 간 대화가 제대로 이루어지지 않는 조직 내에서 회의를 주재하는 상급자가 "…… 지금까지 설명한 안건에 대해 반대나 다른 의견이 없으면 만장일치로 동의하는 것으로 하겠습니다."라고 하면 모순이 있다. 다른 반대 의견을 표시하는 사람이 없다는 사실이 진정으로 합의에 이르렀다는 뜻은 아니다. 다만 상대방의 힘에 표면적인 항복을 한 것에 불과하기 때문이다. 그래서 합의되었다고 여겼던 일임에도 일단 진행되기 시작하면 다른 사람들은 강 건너 불구경하듯 협조하지 않는다.

셋째, 거짓 항복 1

"일단 아내가 원하는 D 사의 자동차를 사도록 내버려두라고. 그러나 자동차를 산 다음에는 절대로 그 차를 타지 마. 다음부터는 더 이상 고집부리는 일이 없어질걸."

나무 위에 올려놓고 흔드는 것 같은 전형적인 '물 먹이기' 전략이다. 일단 처음에는 원만하게 해결된 것처럼 보이던 문제가 시간이 흘러가면서 회복되기 어려운 인간관계의 갈등으로 증폭된다.

넷째, 거짓 항복 2

"D 사 자동차를 사도록 아내에게 양보해줘. 그런 다음 차를 탈 때마다 '무슨 차가 이렇게 지붕이 낮아. 도대체 어른들 타라고 만든 차야 아니면 애들 가지고 놀라고 만든 장난감이야?' 하고 계속

트집을 잡으며 불평을 해대. 그러면 아내는 원하는 차를 얻게 되었다는 기쁨보다 오히려 자신의 선택에 대해 후회할 것이고, 앞으로도 중요한 판단을 내려야 하는 순간마다 자기 의견보다는 남편의 말에 귀 기울이게 될 거야."

정말 그럴까? 사람은 이런 식으로는 결코 길들여지지 않는다. 인간관계에서 상대방의 잘못된 결정을 지속해서 트집 잡고 물고 늘어지는 것처럼 부정적인 것은 없다. 예를 들어 연봉 협상을 하는데 사장이 높은 직급을 요구하는 직원의 요구에 대하여 마지못해 승낙하고 급여를 지급할 때마다 "월급을 이렇게 많이 받아가면서 이 정도밖에 일을 못해?" 하며 핀잔을 준다고 해서 다음번 연봉 협상 때 사장이 원하는 대로 직원이 따라올까? 절대로 그렇지 않다. 다음번 연봉 협상은 서로의 관계 악화로 인하여 더욱더 힘들어질 것이다.

다섯째, 아내 위협하기 1

"아내가 끝끝내 고집을 부리면 남편 말에 반항한 대가로 무서운 처벌을 받게 될 거라는 위협을 해봐. 예를 들어 앞으로는 가족끼리 외식이 없어질 거라든지 아니면 더 이상 같이 살 수 없다든지 말이야."

물론 이러한 위협의 효과는 아내가 남편의 말을 얼마나 믿느냐에 따라 달라질 것이다. 모든 인간관계에 있어서 사람을 잘 다루는 사람은 당근과 채찍을 잘 배합하는 사람이다. 그러나 자신의 의견을 관철하기 위하여 채찍을 사용하는 사람에게 표면적이고 피동적인 동의를 할지도 모르지만 진정한 합의에 이르는 것은 불가능하다.

여섯째, 아내 위협하기 2

"오늘 저녁부터 기분 나쁘다는 모습을 아내에게 보여줄 필요가 있어. 아내가 '당신 뜻대로 하소서.' 하고 고개 숙일 때까지 매일 밤 자정이 넘도록 술을 마시고 집에 늦게 들어가면 어떨까?"

전형적인 사보타주sabotage(태업)이다. 자신이 원하는 것이 이루어지지 않을 때 직접적인 의사 표현을 하기보다 자신의 의사가 관철되지 않으면 손해를 보게 된다는 것을 상대방에게 간접적으로 암시하는 행위를 하는 것이다.

일곱째, 마음대로 일부터 저지르기

"어제 그만큼 이야기했으면 됐지. 뭐, 더 이상 아내의 의견을 들을 필요가 있겠나. 당장 H사 자동차 영업사원에게 전화해서 차를 계약해버려. 사실을 알면 분명히 바가지를 긁으며 불평하겠지만 뭐 어쩌겠어? 이미 사버렸는데."

지금까지의 답변들은 내용이 어떻든지 틀림없이 부부간 의견

충돌로 일어난 사건을 해결하는 방법들이다. 그러나 자동차 선택에 대한 이 같은 갈등의 표면적 해결은 두 사람 사이에 더 큰 문제를 야기할 것이다. 부부 관계는 악화될 것이고, 그 후유증은 다른 모습으로 언젠가 다시 나타날 것이기 때문이다. 위 답변들의 특징은 한결같이 어느 한쪽이 일방적으로 이겼다는 데 있다. 쌍방 간에 협상을 하려는 시도도 없고, 쌍방이 만족할 만한 다른 대안을 찾아보려는 노력 또한 없다. 한쪽은 이겼고 다른 한쪽은 졌다. 그렇다면 좀 더 색다른 방법으로 해결할 수는 없을까?

순번 결정하기

이번에 먼저 선택권을 갖는 사람이 다음번에는 상대방에게 양보하기로 약속하고 다른 사람은 이에 승복하는 방법이다.

쌍방이 만족하는 대안 찾기 1

쌍방이 D 사 자동차와 H 사 자동차 모두를 포기하고, 두 사람이 함께 만족할 수 있는 다른 차종을 찾아본다.

쌍방이 만족하는 대안 찾기 2

부부가 함께 두 자동차 모두 시승을 해본다. 시승이 끝난 후 각자의 느낌을 비교하여 좋은 점수를 받은 차로 결정한다.

공평한 제삼자에게 결정 맡기기

남편과 아내가 각각 어떤 차를 좋아하는지 밝히지 않고 쌍방이 합의한 제삼자에게 묻는다.

"형님이라면 두 차종 중에 어느 차를 사시겠어요?"

자신이 원하는 것을 얻는 대신 상대방에게 대가 지불하기

남편은 부인에게 "만약 H사 자동차를 산다면 앞으로 6개월 동안은 술 안 마시고 집에 일찍 들어올게." 혹은 "이제부터 아들 공부는 내가 봐줄게." 하고 제안할 수도 있다. 아내는 남편에게 "용돈도 올려주고 상냥하게 대해줄게." 하는 이야기를 할 수도 있다.

이런 방법들은 쌍방이 서로 만족할 만한 해결책을 찾기 위해 노력한다는 점에서 먼저 제시한 일방적인 접근 방법과 다르다. 이런 방법으로 접근한다면 부부간의 관계가 망가지는 일은 없을 것이다. 물론 해결점을 찾지 못할 수도 있지만 이러한 과정을 통하여 서로 간의 이해는 깊어지고 사랑하는 마음은 더욱 두터워질 것이다.

여기에서 예시로 든 남편과 아내 사이의 협상은 일반적인 비즈니스 협상과는 차원이 다르다고 볼 수 있다. 대부분의 비즈니스 협상에서는 쌍방 간의 관계를 중요시하면서 서로가 만족할 수 있도록 노력하는 협동적 협상의 모습이기보다는 경쟁적인 요소가 강하기 때문에 이해 충돌의 해결이라는 목표가 우선시되는 경우가 많기 때문이다. 그러나 부부간, 자녀 간, 친구 간 등 인간관계가 우선시되는 협상에서는 '어떤 결과를 얻었는가?'에 목표를 두기보다는 이 협상을 통하여 '더 좋은 인간관계를 만들어낼 수 있는가?'에 목표를 두게 된다.

그렇다. 부부 관계에 있어서는 '어떤 자동차를 살 것인가?' 하는 눈에 보이는 사안보다도 '어떻게 부부 관계를 잘 만들어갈 것인가?' 하는 것이 더 중요하다. 마찬가지로 연봉 협상을 하는 고용주와 근로자 사이에서도 겉으로 보기에는 '임금을 얼마나 더 많이 받고, 덜 주는가?' 하는 사안에 대해 협상하고 있지만 사실은 '어떻게 좋은 인간관계를 유지하여 즐거운 일터로 만들고 또 생산성도 높일 수 있을까?' 하는 데에 촉각을 세우고 있는 것이다.

때로는 단기적 이익에 집착하지 않으면서 장기적 관계를 향상시키기 위해 지는 결과를 추구해야 하는 것이 협상이다.

협상은 합의점을 모색하는 해결 과정이다

서로 자신의 입장과 권리만 주장하는 것은 싸움이지 협상이 아니다.

부동산 거품이 빠지면서 전셋값이 폭락하던 때의 일이다. 대학에서 강의할 때 내 수업을 들었던 제자 P 군이 어느 날 전화를 했다. 졸업 후 2년 동안 은행에서 직장 생활을 하다가 공부를 더 하기 위해 미국에 가려고 한다면서 추천서를 부탁했다. 다음 날 찾아온 그는 사회생활에 익숙해진 제법 성숙한 어른이 되어 있었다. 추천서를 작성해주면서 도움이 될 만한 미국 유학 생활의 경험담을 이야기해주었다.

몇 개월 후 그는 추천서를 보낸 학교에서 입학 허가서가 날아왔다며 고맙다는 인사와 함께 조그만 선물을 들고 다시 나를 찾아왔다.

"입학 허가를 받은 것 축하하네. 이제 가서 공부할 일만 남았군. 그래 준비는 순조롭게 잘 되어 가나?"

"네, 교수님. 한 가지만 빼고요. 졸업 후 결혼해서 아파트 전셋집에 살고 있었는데 집주인이 전세금을 빼주지 않는 겁니다. 전세금으로 학비를 충당하려고 했었는데 전셋값이 내렸다는 이유로 돈을 마련할 때까지 무조건 기다리라고 하네요."

"계약 기간은 만료가 됐나?"

"네, 지난달에 2년 계약 기간이 끝났습니다. 그런데 전세금을 빼주지 않아서 나가지도 못하고 있습니다."

P 군의 이야기는 전세를 들어오려고 하는 사람들은 많지만 자신의 전세 보증금 3억 8,000만 원보다 3,000만 원이나 적은 3억 5,000만 원으로 전세 시세가 떨어졌기 때문에 지금 집을 나가도 집주인이 3억 5,000만 원밖에 못 주겠다고 버틴다는 것이었다. 예정대로 공부하기 위해선 3개월 안에 출국해야 하는 P 군의 입장은 매우 딱했다.

"그래, 어떻게 해결하려고 하나? 집주인은 뭐라고 하는데?"

"아무래도 전세금 반환 소송을 해야 할 것 같아요. 집주인은 은행 융자도 받기 힘든 형편이라며 3억 5,000만 원만 미리 받고 나머지 3,000만 원을 나중에 주겠다고 합니다. 아무리 사정 설명을 해도 안 된다고만 하니……. 교수님, 좋은 방법이 없을까요?"

"자네 소송을 통해서 돈을 받아내려면 얼마나 걸리는지 아나?

1년 정도는 걸릴 걸세. 거기에다 재산을 경매에 부쳐서 팔고 돈을 받을 때까지는 또 시간이 얼마나 많이 걸리는데……. 내 생각에는 다른 방법을 고려해보는 것이 좋을 것 같군."

다른 여러 가지 방안들을 의논하다 다음과 같은 문제 해결 방안을 제시했다.

P 군과 집주인은 지금 각자의 위치에서 한 발도 물러나지 않고 자신의 권리와 입장만 주장하고 있다. 물론 P 군은 법률적으로 보장된 전세금을 되돌려받을 권리가 있다. 소송을 하면 틀림없이 이길 것이다. 집주인 역시 전세금을 되돌려주어야 한다는 사실을 알고 있지만 돈이 없다. 비싼 사채를 끌어다 전세금을 되돌려줄 수도 없는 입장이다. 물론 소송에서 지면 전세금에 대한 이자를 물어야겠다는 생각은 하고 있지만 사채 이자만큼 많이 지불하고 싶은 생각도 없고 사채를 얻을 수 있을지도 의문이다. P 군이 법적으로 해결하겠다고 엄포를 놓은 것도 상당히 기분 나쁘다. '손해는 나만 보나? 다 같이 어려운 이때에.' 하는 생각으로 갈 데까지 가보자는 심사이다.

이렇게 서로 자신의 입장과 권리만 주장하는 것은 싸움이지 협상이 아니다. P 군은 지금까지 집주인과 전세금 반환 협상을 하면서 자신이 무엇을 위하여 협상하고 있는지를 모르고 있었던 셈이다.

협상을 통해서 P 군이 집주인으로부터 진정으로 얻어내려고 했던 것은 자신이 2년 전 입주할 때 지불했던 전세금이었다. 그러나

한 발자국 뒤로 물러나 생각해보면 P 군이 정말로 원하는 것은 결국 3억 8,000만 원이라는 유학 경비이다. 그러므로 꼭 전세금을 받아 나오겠다고 생각하지 않고 '학비와 기타 경비를 위해 3억 8,000만 원을 마련해야 한다.'라는 생각으로 협상을 진행했다면, P 군은 지금 당장 수중에 돈이 없고 은행 융자도 받을 수 없는 집주인의 입장을 이해하면서 어떻게든 해결할 수 있도록 도와주려는 노력을 했을 것이다. 이러한 노력만 있었다면 지금처럼 집주인이 '나만 손해 보나? 너도 손해를 봐야지.' 하는 생각을 가지지는 않았을 것이다.

협상이란 싸움이 아니라 서로 힘을 합하여 해결점을 찾는 것이다. 이 평범한 원리를 모르고 협상을 하는 사람들은 결국 서로 갈 데까지 가보자는 파국을 만들어낼 가능성이 다분하다. 파국의 결과는 너도 손해, 나도 손해인 결국 누구도 승자가 되지 못하는 것이다.

"P 군, 이 문제를 해결하기 위해서는 귀찮더라도 집주인이 돈을 마련할 수 있도록 자네가 도와주어야 하네. 물론 돈을 마련해서 갚아야 하는 책임은 집주인에게 있지만 지금의 조그만 양보는 나중에 소송을 하면서 겪게 될 귀찮음에 비하면 아무것도 아닐 거야."

"구체적으로 좋은 방법이 있을까요?"

"자네가 근무하던 은행에서 3,000만 원쯤 융자를 받을 수는 있겠나?"

"예, 담보만 있으면 가능합니다. 퇴직 직원들에게는 어느 정도 혜택을 주고 있거든요."

나는 P군에게 이렇게 말해주었다.

"지금 세 들어 사는 집을 담보로 대출받을 수 있도록 집주인을 도와주게. 만약 집에 문제가 있어서 담보로 잡힐 수 없다면 자네 부친의 집이라도 담보로 해서 돈을 빌리고 세 들어 있는 집에 3,000만 원과 1~2년치 이자에 해당하는 금액만큼 근저당을 설정해달라고 요청하게. 그리고 집주인에게 3,000만 원에 대한 싼 은행이자를 지급하도록 요청해보게나. 자네가 이렇게 도와준다면 집주인 입장에서도 소송으로 가는 것보다 훨씬 더 유리할 테고, 자네도 원하는 시간에 원하는 금액을 가지고 유학을 떠날 수 있지 않겠나?"

어떻게 됐다는 소식을 듣지는 못했지만 이러한 충고를 듣고 헤어진 P군은 아마 집주인이 돈을 빌릴 수 있도록 성의껏 도왔을 것이고 이런 태도는 집주인의 생각도 바꾸게 만들었을 것이다.

협상과는 직접적으로 관련이 없는 이야기이지만 많은 사람들이 전세금 반환과 관련해서 겪는 고통을 지켜보며 이러한 문제를 미연에 막을 수 있는 방법을 생각해보았다. 문제가 생긴 다음 좋은 해결 방법을 찾는 것은 차선이고 최선은 미리 문제가 생기지 않도록 대비하는 것이기 때문이다.

다윗과 골리앗의 싸움을 기억하라

양치기 소년 다윗이 거대하고 힘센 골리앗을 쓰러뜨릴 수 있었던 것은
겉으로 보이는 힘의 열세에 겁먹지 않는 진정한 용기가 있었기 때문이다.

　　한때 나 자신이 요즘 아버지답지 않게 엄하고 강한 아버지라고
생각한 적이 있다. 대학 다닐 때 결혼했고, 졸업도 하기 전에 아빠
노릇을 하게 됐으니 아마도 아들 귀여운지 몰라서 그랬을 수도 있
다. 아들 둘이 자라서 중학생, 고등학생이 된 뒤에 가만히 생각해
보니 강한 듯해 보이는 아버지였을 뿐 정작 강한 쪽은 아이들이었
던 것 같았다.

　　작은 아들이 중학교 3학년이 된 지 얼마 안 돼서 갑자기 양복 정
장을 사달라고 졸라댄 적이 있다.

　　"아버지, 양복 한 벌만 사주세요. 요즘 얘들은 양복 한 벌쯤은 다
가지고 있어요."

"무슨 소리야? 학생이 교복 입고 다니면 되지, 양복 입을 일이 어디 있다고. 쓸데없이 겉멋 부릴 생각만 하지 말고 진정한 멋쟁이가 되도록 열심히 살 것! 알았나?"

더 이상 들을 필요도 없다는 식으로 작은아들의 요구를 일축해버렸다. 힘없는 아들은 당연히 아무 소리 못하고 자기 방으로 들어갔다. 그런데 그 후 며칠 동안 풀이 죽어서 나를 봐도 반가운 기색도 하지 않았다. 그런 작은아들의 모습을 보면서 마음이 흔들리기 시작했고, 결국은 아내에게 "작은아이 양복 한 벌 사줄까?" 하며 내 주장을 철회해버린 적이 있다.

미국에서 공부하던 때 후배가 같은 학교로 공부를 하러 왔었다. 공항에 마중을 나갔는데 비행기가 도착한 지 두 시간이나 지나서야 사색이 된 후배가 나타났다. 짐을 부쳤는데 아무리 기다려도 짐이 나오지 않아 기다리다 늦었다는 것이었다. 후배를 데리고 외국 국적 항공사 사무실에 찾아가서 잃어버린 짐을 신고하고 짐을 찾으면 연락해달라는 부탁을 한 후 함께 집으로 돌아왔다.

그런데 며칠이 지나도 연락이 없어 전화를 해봤더니 아직도 짐이 어디에 있는지 찾지 못했으니 조금만 더 기다려달라고 했다. 법을 공부하던 시절이라 따져보니 화물의 분실은 명백하게 항공사의 과실이라는 생각이 들었다. 잃어버린 짐에 대한 배상을 요청할 수 있을 것 같아 비행기표에 쓰여진 약관을 읽어보기 시작했다. 약관에는 짐을 잃어버렸을 경우 가격을 신고하지 않은 물건에 대한 배상 책임 한도액은 미화 400달러로 제한한다는 내용이 포함되어 있었다. 후배에게 가방에 들어 있던 물건 목록과 구입 가격을 미화로 환산하여 기입하도록 하여 합계를 내봤더니 2,000달러 가까이 되는 금액이 나왔다.

며칠 후에 다시 한번 항공사에 전화하여 짐을 찾았는지 물었더니 아직까지 찾지 못했으니 짐 속에 들어 있는 물건 목록과 가격을 보내달라고 했다. 항공사 요청대로 목록과 함께 처음 유학을 온 후배의 어려운 경제적 사정을 설명하고 간곡하게 보상을 요청하는 서신을 보냈다.

얼마 후 항공사에서 회사 정책에 따라 현금으로 지급할 수 있는 최고액인 1,250달러의 수표와 나머지 차액 750달러에 해당하는 비행기 할인 쿠폰을 편지와 함께 보내왔다. 편지에는 심심한 사과와 함께 후배의 어려운 처지에 조금이라도 도움이 되기를 바라며 특별히 쿠폰을 동봉한다는 내용이 담겨 있었다. 일 년에 한두 차례씩 한국을 드나드는 유학생 입장에서는 현금과 다름없는 쿠폰이었다.

지중해에 영국의 군사 기지로 사용되던 몰타라는 작은 섬이 있다. 영국은 2차 세계대전 이후 이 섬을 군사 기지로 사용해왔으나 점차 첨단 무기가 개발되면서 몰타의 전략적 중요성이 감소하기 시작했다. 이러한 상황에서 1971년 영국과 몰타는 기지 사용권에 대한 재계약을 하게 되었다. 영국은 그 섬의 중요성이 많이 감소했을 뿐만 아니라 여러 가지 면에서 몰타에 비해 우세한 위치에 있었고, 몰타는 누가 보더라도 명백히 열세에 처해 있었다.

몰타는 비록 열등한 위치에 있었으나 포기하지 않고 자신들에게 유리한 상황을 만들기 위해 소련에 접근하여 기지 사용에 대한 의사를 타진하기 시작했다. 또한 아랍 국가들에게도 같은 제안을 했다. 이에 영국은 사실 몰타가 군사 기지로서 옛날만큼 중요하지는 않지만 소련이나 리비아에게 넘어갈 경우 뜻밖의 어려움을 당할 수도 있기 때문에 몰타의 안을 거의 대부분 받아들이게 되었다. 그 결과 몰타는 종전 계약의 네 배에 달하는 금액으로 재계약을 맺었고, 별도의 원조금도 받아냈다.

누가 보더라도 아버지인 나는 작은아들보다 명백한 힘의 우위에 있었다. 그럼에도 불구하고 결국은 아들의 요구를 수용할 수밖에 없었다. 겉으로 보이는 힘의 우위는 진정한 힘의 우위가 아닐 수도 있다는 뜻이다.

짐을 잃어버린 후배와 항공사는 협상할 여지가 전혀 없는 것 같았다. 비행기표에 인쇄된 약관에는 항공사의 책임을 400달러로 제한한다는 내용이 포함되어 있었다. 그럼에도 불구하고 분실한 물건값 2,000달러에 해당하는 배상을 모두 받아냈다. 협상할 여지도 없이 명백한 열세에 처해 있던 후배가 협상을 시도하자 뜻밖에도 너무 쉽게 원하던 것을 성취한 것이다.

영국과 협상을 해야 했던 몰타는 새로운 상황을 창조함으로써 열세에 있던 힘을 키워 자신이 원하는 것을 성취했다. 지금 눈에 보이는 상황이 열세라고 해서 언제까지나 열세로 있어야 하는 것은 아니다. 다른 상황을 연출함으로써 언제든지 상황을 반전시킬 수 있다.

겉으로 보이는 힘의 열세 때문에 협상을 포기하지 말아야 한다. 상대방보다 명백하게 열세에 처해 있다고 보이는 경우, 많은 사람들은 협상에 대한 의욕 자체를 잃어버리고 될 대로 되라는 식으로 협상을 하게 된다. 그런데 사실 협상을 실패로 만드는 요인은 그들의 열세가 아니고 포기해버리는 자세이다.

구약성서에 나오는 다윗과 골리앗의 싸움을 기억하자. 양치기 소년 다윗이 거대하고 힘센 골리앗을 쓰러뜨릴 수 있었던 것은 겉으로 보이는 힘의 열세에 겁먹지 않는 진정한 용기가 있었기 때문이다.

베스트 타임을 활용하라

시간이 지나면 썩어서 버려야 하는 야채나 생선을 파는 상인에 비해
몇 년이 지나도 상하지 않는 통조림을 파는 상인은 파장할 시간에 찾아왔다고 해서
값을 깎아주지는 않는다.

우리 집은 유난히 손님을 많이 치러야 했던 편이라 어머니가 고
생을 많이 하셨다. 교회 목사로 봉직하시던 아버지는 생활비도 넉
넉하게 주시지 못하면서 왜 그렇게 많은 분들을 집으로 불러들이
셨는지. 적은 생활비를 가지고 손님도 치르고 가족도 돌보셔야 했
던 어머니는 '협상'이라는 용어조차도 낯설게 느끼시는 분이었으
나 본능적으로 훌륭한 협상 기술을 발휘하곤 하셨다.

어머니가 활용하시던 협상 전술은 '시간'이라는 무기에서 비롯
되었다. 어머니는 많은 사람들이 시장으로 몰려가는 초저녁에는
결코 장을 보러 가지 않으셨다. 언제나 저녁 늦게 시장이 파할 때
쯤 커다란 장바구니를 가지고 나가서 싼값으로 야채와 생선 등을

푸짐하게 사 오시곤 하셨다.

손님 접대를 위해 많은 물건을 사야 할 때면 어머니는 꼭 나를 데리고 시장에 가셨다. 그날도 평소대로 시장이 파할 무렵 어머니는 나를 데리고 시장으로 향하셨다. 노란 백열등이 아늑하게만 느껴지던 시장 골목에는 야채와 생선을 파는 가게들이 즐비하게 늘어서 있었다. 그런데 어머니는 유독 문을 닫기 위해 쌓여 있는 재고를 정리하고 있는 가게에 들어가서 물건을 고르셨다. 그러면 신기하게도 상인들은 물건값을 많이 깎아달라는 어머니의 요구에 두말없이 값을 깎아주고 인심 좋게 덤까지 얹어 주면서 "내일 또 오십시오."라고 했다.

협상을 체계적으로 연구하면서 어머니가 즐겨 쓰시던 협상 전술이 바로 '시간을 효율적으로 활용하라.'는 전술임을 알게 되었다. 그때만 하더라도 냉장고가 드물던 시절이라 야채나 생선은 시장에서 하루를 넘기면 상해서 버리거나 값이 폭락할 수밖에 없었다. 많은 사람들이 몰려드는 시간대에 찾아가서 상인들에게 물건값을 깎는 것은 쉬운 일이 아니다. 그러나 파장할 무렵에 재고를 쌓아 놓고 있는 상인의 마음속에는 '밑지더라도 팔아 치우는 것이 낫다.'는 생각이 자리 잡고 있다. 싼값에라도 팔아 치우는 것이 썩어서 버리는 것보다는 훨씬 이익이라는 생각에 싼값에 물건을 팔고 덤까지 푸짐하게 얹어 준 것이다. 똑같은 물건을 불과 몇 시간 차이로 엄청나게 싸게 살 수 있었던 비결은, 시간이라는 무기를 효과적으로 사용할 수 있는 생활의 지혜에서 비롯된 것이며, 늦은 시간에 장 보러 나가는 수고스러움과 장을 보고 돌아온 후 늦게까지 물건을 다듬는 귀찮음을 감수할 마음의 자세였다.

시간은 협상에 있어서 가장 중요한 무기이다. 어떻게 시간을 사용하는가에 따라 지금까지 불리하게 끌어오던 협상을 일거에 반전시킬 수도 있고 관리를 잘못하면 공든 탑이 무너지는 소리를 듣게 된다. 시간이 지나면 썩어서 버려야 하는 야채나 생선을 파는 상인에 비해 몇 년이 지나도 상하지 않는 통조림을 파는 상인은 파장할 시간에 찾아왔다고 해서 값을 깎아주지는 않는다. 그만큼 시간 제약을 덜 받는 협상가는 그렇지 않은 협상가보다 유리하다. 협상은 다른 말로 시간과의 싸움이라고 할 수 있다. 시간을 어떻게 활용할 것인가? 물론 나는 넉넉한 시간을, 상대방은 부족한 시간을 가지고 협상에 임하는 것이 가장 좋겠지만 상황은 언제나 바라는 대로 주어지지 않는다. 촉박한 시일을 남겨 놓고 협상을 마무리해야 할 때도 있고 상대방보다 시간적 여유가 적을 수도 있다. 그렇기에 협상을 성공적으로 하기 위해서는 시간에 끌려다니기보다 시간을 정복하라고 이야기한다. 그러면 시간을 어떻게 다루어야 할까?

첫째, 충분한 시간을 두고 협상하라

미리미리 필요한 사항들을 합의해두는 습관이 필요하다. 시간적 여유를 가지고 있으면 엄청난 힘을 얻게 된다. 한 예로 에어컨을 구입한다고 해보자. 여름이 오기 전에 에어컨을 구입하면 여러 가지 서비스를 요구하면서도 저렴한 가격에 살 수 있지만, 한여름 불볕더위가 기승을 부려 대리점에 에어컨이 동나는 상황에서 에어컨을 사고자 한다면 무슨 협상이 가능하겠는가? 협상은커녕 에어컨을 사는 것조차 어려울 것이다. 협상을 위해서는 충분한 시간을 두고 적어도 연간 아니 수년간의 사업 계획을 미리 세워두어야 한다. 그래서 각 사안별로 사전에 협상을 미리 해두면 경비도 줄이고 좋은 협상 결과도 얻을 수 있다.

둘째, 협상 시간을 엄수하라

약속 시간에 잘 늦는 사람은 협상 시간에도 늦는 경우가 많다. 어릴 때부터 시간을 엄수하라는 말은 귀가 따갑게 들었겠지만 아직도 많은 사람들이 이 기본적인 사항을 지키지 않아 뜻밖의 불이익을 당하는 경우가 있다. 협상 시간에 늦다 보면 자연히 서두르다 필요한 자료를 빠뜨릴 수도 있고, 심리적으로 안정이 되지 않아서 협상을 효과적으로 할 수 없게 된다. 당신이 운전대를 잡고 발을 동동 구르고 있을 때 상대방은 협상 장소에서 느긋하게 의제들을 점검하고 있다고 생각해보라. 누가 협상에서 더 많은 힘을 발휘하겠는가? 협상 시간 엄수로 충분한 심리적 안정을 취한 상태여야만 자신의 협상 능력을 유감없이 발휘할 수 있을 것이다.

셋째, 생각할 시간을 가져라

협상을 하다 보면 지금 당장 결정 내리기 어려운 일도 생긴다. 또 오래간만에 협상을 하게 되어 제대로 판단을 못 내릴 만큼 혼란스러워지는 경우도 있다. 이런 경우 주저하지 말고 생각할 시간을 가져라. 협상 도중이라도 휴식 시간을 제안해서 생각도 정리하고 자신의 협상팀과 다시 한번 의견을 검토해보는 것도 필요하다. 휴식 시간을 가지고도 해결할 수 없다면 다음 날로 협상을 연기해도 좋다. 이 결정은 자신의 소관이 아니니 상부에 보고한 다음 결정해야 한다고 사정을 설명하면 협상 연장이 얼마든지 가능할 것이다.

오늘 이 한 번의 협상으로 모든 것을 결정해야 한다는 스트레스는 협상에서 자신의 입장을 한없이 낮추는 요인이 된다. 이러한 경우 무리한 양보까지 하게 되어 결국 상대방에게 끌려다니게 된다. 그러므로 특히 협상이 자신에게 불리한 쪽으로 진행되는 경우에는 지체 없이 휴식 호루라기를 불어야 한다. 그리고 다음 협상에서 분위기를 반전시킬 수 있도록 해야 한다.

넷째, 협상하기에 가장 좋은 시간을 선택하라

협상에도 좋은 시간과 나쁜 시간이 있다. 협상 시간을 언제로 잡는가는 협상에 지대한 영향을 끼친다. 예를 들어 내일은 장이 쉬는 날이라면 대개 초저녁 시간에는 일찌감치 물건들을 사두려고 나온 많은 주부들로 북새통을 이루기 때문에 기세등등해진 상인들은 일순간 모두 깍쟁이가 되어버린다. 하지만 조금만 기다려 늦은 시간을 이용해 장을 보러 가면 어느새 이들은 순한 양이 되어 있다. 얼마든지 자신에게 유리한 협상을 할 수 있는 것이다. 이렇듯 불과 몇 시간 차이로 상인들의 입장은 달라진다. 이들은 다음 날 장이 쉬기 때문에 상하는 물건인 경우 버리느니 차라리 싸게라도 처분하고 보자는 생각을 하는 것이다.

협상의 성격에 따라 베스트 타임Best Time은 달라질 수 있다. 협상 준비 단계에서 수집한 정보를 바탕으로 자신의 이익을 최대한 요구할 수 있는 시간으로 협상 시간을 정하라.

다섯째, 충분한 준비 시간을 가져라

협상의 준비 단계에 대한 중요성은 이미 강조한 바 있다. 협상 시간 역시 그 준비 단계에서부터 상당한 투자를 해야 한다. 흔히 협상 준비 과정은 진척 상황이 잘 눈에 띄지 않기 때문에 그 중요성이 간과되는 경향이 있다. 그래서 상부에서도 협상 준비에 투자하는 시간을 좋지 않게 보곤 한다. 그러나 협상에서 힘을 갖기 위해서는 적어도 협상 시간 이상의 준비 기간을 가져야 한다. 따라서 협상 준비의 중요성을 조직 내에서 설득해 충분한 준비 시간을 갖는 것 역시 협상가들의 몫이다.

여섯째, 시간의 심리학을 이해하라

협상에서 시간과 관련된 중요한 심리학 개념 두 가지가 있다. 하나는 수용시간acceptance time이고 또 다른 하나는 적응시간adjustment time이다.

수용시간 개념은 이렇게 협상에서 작동된다. 협상 공부를 열심히 한 협상가 A 씨는 준비 과정에서 쌍방에게 이익이 될 수밖에 없는 기막히게 창의적인 제안을 만들었다. A 씨는 상대방과 협상을 앞두고 이 제안을 정리하며 이런 생각을 하게 된다. '객관적으로 봐도 그렇고 논리적으로 봐도 이 제안은 모두에게 이익이 되는 방법이기 때문에 상대방은 틀림없이 받아들일 거야.' 그런데 실제 협상을 진행하면 A 씨가 기대했던 대로 상대방이 A 씨의 제안을 즉시 수용하는 일은 거의 일어나지 않는다. 상대방은 A 씨의 제안을 듣기 전까지 A 씨의 기막히게 좋은 제안을 생각해본 적이 없기 때문이다. 그러니 상대방이 한 제안의 장단점을 판단할 수가 없다. 그렇다고 상대방의 말을 덥석 수용하자니 속는 느낌이 들기도 한다. 이런 이유들 때문에 새로운 제안을 받았을 때 제안 내용을 받아들이려면 그 내용을 검토하고 자기 자신을 설득하기 위한 시간이 필요하다.

성질 급한 협상가는 협상에 실패하고는 상대방을 비난하며 이렇게 말한다. "상대는 협상 마인드가 없는 사람이야. 쌍방이 함께 이길 수 있는 이렇게 훌륭한 제안도 거절하다니……." 그런데 상대방이 훌륭한 제안을 못 받아들이는 이유는 협상 마인드가 부족해서라기보다는 상대방에게 수용시간을 허락하지 않고 급하게 협상을 몰아붙인 내 탓일 가능성이 높다. 상대방을 급하게 압박하기보다는 내 제안을 소화할 수 있도록 시간을 주어라.

적응시간이란 내가 생각하고 있는 개념이 현실과 괴리가 있을 때 현실에 가깝게 조정하는 데 필요한 시간을 의미한다. B 씨는 1년 전 부동산 시장이 활황이었을 때 6억 원을 주고 토지를 매입했다. 1년이 지나는 동안 부동산 침체기를 겪으며 시세가 4억 원으로 떨어졌다. 토지를 매입하려고 하는 P 씨가 현 시세에 맞는 4억 원을 B 씨에게 제안했을 때 B 씨가 4억 원을 수락할 확률은 높지 않다. 아직 B 씨의 마음속에 토지의 가격이 6억 원에서 4억 원으로 떨어졌다는 현실을 수용할 준비가 되어 있지 않기 때문이다. 생각을 바꾸고 경험과 현실이 다르다는 것을 수용하려면 현실에 적응할 수 있는 시간이 필요하다. 상대방을 현실감이 없는 사람이라고 비난하기에 앞서 생각을 바꾸기 위해서는 적응시간이 필요하다는 것을 기억하라.

세분화된 가격 정보를 입수하라

자동차 가격은 대개 기본 모델에는 아주 적은 마진을 붙이고
주로 옵션에 높은 마진을 더하여 산정된다.

나는 고가의 물건을 살 때나 혹은 중요한 계약을 체결할 때 상
대방에게 가격을 세분화해서 알려달라고 요청하곤 한다. 우리나
라에서는 모든 자동차 가격을 일률적으로 본사에서 결정하기 때
문에 영업사원이 마음대로 가격을 정할 수 있는 폭이 상대적으로
좁다. 그러나 미국의 자동차 딜러들은 자율적으로 가격을 결정하
기 때문에 협상을 어떻게 하느냐에 따라 같은 자동차라도 몇백 달
러에서 몇천 달러까지 차이가 날 수 있다.

미국에 있는 동안 자동차 구매 협상을 할 기회가 여러 번 있었
다. 돈이 많아 매년 자동차를 바꿔 탈 수 있어서가 아니다. 자동차
를 싸게 샀다는 소문을 들은 친구 하나가 협상하러 같이 가자는

바람에 무턱대고 따라갔는데 그 뒤로는 유학 온 사람들의 자동차 구매 협상 대행자가 되어버렸기 때문이다. 자동차 구매 협상을 할 때마다 예외 없이 성공할 수 있었던 이유는 다른 사람들과는 다른 한 가지 협상 테크닉을 사용하여 협상을 진행했기 때문이다. 한 유학생의 부탁으로 자동차를 사러 간 나는 원하는 모델을 골라 가격표를 살펴본 후 영업사원과 자리에 앉아 이렇게 가격 협상을 진행했다.

"H 자동차를 사려고 하는데 가격이 어떻습니까?

"모델 A는 자동변속기어, 큰 화면 디스플레이, 에어컨, 에어백, 가죽시트, ABS 등 모든 옵션을 포함하고 있어서 가격은 2만 8,000달러입니다. 모델 B와 같이 모든 옵션을 제외한 기본 모델은 2만 500달러이고요."

"조금 귀찮으시겠지만 모델 A의 가격을 조금 더 자세하게 설명해주세요. 전체 가격보다 옵션 하나하나의 가격을 알고 싶어서요."

"기본 모델은 2만 500달러에서 시작해서 에어컨은 얼마, 자동변속기는 얼마…… 그래서 합계 2만 8,000달러입니다."

이렇게 세분화된 가격 정보를 얻은 다음 기본 모델에 에어컨과 큰 화면 디스플레이만 포함시킨 차를 살 계획이었으면서도 모든 옵션을 다 포함한 모델 A를 살 것처럼 가격 흥정을 시작했다.

"모델 A를 사고 싶은데 가격을 좀 싸게 해주시면 바로 계약을 할 수도 있습니다."

"정가는 2만 8,000달러이지만 오늘 당장 계약을 하신다면 5퍼센트 정도는 깎아드릴 수 있습니다. 이 가격으로는 어디에서도 이런 성능의 차를 사실 수는 없을 거예요. 요즘 경기가 안 좋아서 이렇게 싸게 드릴 수 있는 겁니다. 오늘 인도가 가능한 차량의 색깔은 이렇습니다……."

"잠시만요. 15퍼센트는 깎아주셔야 예산에 맞습니다. 그러면 당장 계약할 수도 있는데……."

"예? 도대체 자동차 가격을 15퍼센트나 깎는 법이 어디 있습니까? 그런 말씀 마세요. 제가 할 수 있는 재량권은 최대 5퍼센트입니다. 하지만 오늘 당장 계약을 하실 수 있다고 하니 잠깐 상사에게 물어보고 오겠습니다. 혹시 그분이 허락하시면 조금 더 깎아드릴 수 있을지도 모르겠어요."

이렇게 모델 A를 놓고 한참을 옥신각신하던 끝에 책임자와 의논하고 돌아온 그는 오늘 당장 계약하면 10퍼센트까지는 깎아줄 수 있다는 최후통첩을 했다.

"가격을 더 이상 깎아주시지 못한다면 할 수 없군요. 예산이 부족해서 저희는 모델 A를 못 살 것 같아요. 아까 옵션별로 세분화해준 가격표를 어디 다시 좀 봅시다. 기본 모델은 2만 500달러이고, 큰 화면 디스플레이는 1,000달러, 에어컨은 1,500달러로군요. 그럼 기본 모델에 에어컨과 큰 화면 디스플레이만을 붙여주십시오. 그리고 아까 말씀하신 대로 10퍼센트를 깎아주시는 겁니다."

"……."

자동차 가격은 대개 기본 모델에는 아주 적은 마진을 붙이고 주로 옵션에 높은 마진을 더하여 산정된다. 따라서 기본 모델인 B를 가지고 협상을 시작했다면 아무리 잘해도 5퍼센트 이상 깎기가 힘들었겠지만 모든 옵션을 포함하여 마진폭이 높은 모델 A를 가지고 협상을 진행했기 때문에 10퍼센트 할인까지 협상이 가능했던 것이다.

미국에서 공부를 마치고 돌아온 나는 아파트에 입주하기 위해 인테리어 공사를 한 적이 있다. 몇몇 업체들로부터 인테리어 공사비 견적을 받기 전에 담당 업자 모두에게 이러한 요청을 하였다.

"인테리어 공사비에서 얼마만큼의 이익을 남기셔야 할 테니 제가 작업 원가의 15퍼센트 이익을 보장하겠습니다. 우선 인테리어에 투입되는 자재의 규격과 품질, 인건비 등의 직접경비를 자세히 산출해서 합계를 낸 후 거기에서 15퍼센트의 마진을 더하여 견적을 내주십시오."

조그만 아파트 인테리어 공사를 하는데 무슨 이런 황당한 요구를 하느냐는 표정을 지으면서도 공사를 맡고 싶었던 업체들은 제각기 견적서를 만들어 왔다.

인테리어 공사가 어떻게 진행되는지 잘 모르지만 몇몇 업체의 견적서를 비교해보면서 자재 원가는 원가대로, 인건비는 인건비

대로 대략적인 이해를 할 수 있었다. 그 후 업자들과 가격 협상을 하면서 그들이 건네준 견적서를 통해 항목별로 가격 협상을 세분화하여 훨씬 싼 가격에 제대로 된 공사를 하고 입주할 수 있었다.

물건을 사는 구매자의 입장에서는 전체 가격을 가지고 협상을 하기 전에 항목별로 세분화된 가격을 얻을 수만 있다면 훨씬 더 유리하게 협상을 진행할 수 있다. 자동차를 남들보다 싸게 살 수 있었던 것도, 인테리어 공사를 비교적 저렴하게 할 수 있었던 것도 모두 상대방이 나에게 제공한 세분화된 가격 정보 때문이었다.

반면에 판매자 입장에서 협상을 진행해야 할 경우에는 세분화된 정보를 제공하는 것에 무엇보다도 신중을 기해야 한다. 위의 예에서 보듯 구매자에게 많은 정보를 제공하기보다는 되도록 전체 가격만 보여주고 협상을 진행하는 것이 유리하다.

눈에 보이지 않는 프리미엄을 제공하라

패스트푸드점에 가면 싼값에 커피나 음료수를 마실 수 있는데도
값이 몇 배나 비싼 호텔 식당에서 사람을 만나 차를 마시는 이유는 무엇일까?

불황인데도 연간 몇억 원대 수입을 올리는 보험설계사가 신문에 소개된 적 있다. S 생명보험회사의 보험설계사 한 분은 한 해동안 무려 3억 원이 넘는 순수입을 달성했다. 일반적으로 돈을 많이 버는 직업이라고 알려진 의사, 변호사들에게도 이 정도 수입은 상당한 고소득이다. 그렇다면 이 보험설계사는 어떻게 이렇게 많은 돈을 벌 수 있었을까? 대답은 간단하다. 보험 상품을 많이 팔았기 때문이다. 그러면 이분이 파는 보험 상품은 다른 설계사들이 파는 것과 다른 종류였는가? 아니다. 대한민국 모든 보험설계사들이 팔고 있는 것과 똑같은 보험 상품일 뿐이다. 도대체 무슨 비결이 있길래 대부분의 보험설계사들이 용돈도 되지 않는 적은 판매

수수료를 받는 현실에서 그녀를 군계일학으로 만들었을까?

D 자동차의 K 씨는 몇 년간 연속 자동차 판매왕으로 선발되었다. 특별히 훌륭한 집안에서 태어났거나 학벌이 좋은 것도 아니고, 다른 영업사원들과 똑같이 D 사에서 생산되는 같은 값, 같은 품질의 자동차를 파는 영업사원일 뿐이다. 그런 그가 대부분의 영업사원이 친지나 친구를 상대로 몇 대의 차를 팔고 나면 바닥이 다 드러나는 치열한 경쟁 속에서 몇 년씩이나 계속 판매왕을 차지할 수 있었던 비결은 무엇이었을까?

이렇게 신문에 소개된 사람들 외에도 우리는 주위에서 특출난 판매사원들을 심심치 않게 만난다. 이들 역시 같은 조직에 속한 다른 판매사원들과 똑같은 물건을 똑같은 가격에 팔고 있는 사람들이다.

수억 원대의 수입을 올리는 보험설계사, 3년 연속 자동차 판매왕, 우리 조직에서 볼 수 있는 뛰어난 판매사원들, 이들은 모두 분명히 성공적인 협상가이다. 그렇다면 무엇이 이들을 성공적인 협상가로 만들었을까? 이들은 모두 협상의 숨겨진 모습을 제대로 파악하고 있었다. 물론 자신이 팔고 있는 보험 상품이나 자동차를 대상으로 고객과 협상하고 있지만, 이것은 그들이 고객들과 진행하고 있는 협상의 일부에 지나지 않음을 체험적으로 깨달은 것이다. 대부분의 사람들은 가격과 같은 눈에 보이는 사안만 협상의 대상이라고 생각하며 이 문제만 가지고 씨름한다.

이런 보통의 협상가들은 '사람들은 누구나 가격에 대하여 상당히 민감하다. 같은 품질의 물건이라면 1원이라도 싼 곳에 가서 물건을 구매하고 싶어 한다. 그러므로 가격이 가장 중요한 변수이다.'라고 생각한다. 그러나 억대 수입을 올리는 보험설계사나 자동차 판매왕은 이렇게 대답한다.

"물론 가격이 중요한 변수이기는 하지만, 더 중요한 것은 다른 곳에 숨어 있는 것 같아요."

다음은 이들의 말을 뒷받침하는 사실들이다. 똑같은 품질의 물건이 재래시장에서는 백화점 가격의 절반 이하에 팔리고 있으나 많은 사람들이 백화점에서 물건을 구입한다. 대형 할인매장이 계속 생기고 있음에도 불구하고 특급 백화점의 매출은 떨어지지 않는다. 백화점을 이용하는 사람들이 만약 할인점에 간다면 더 싼 가격에 물건을 구입할 수 있다는 사실을 알면서도 백화점 이용을 고집하는 이유는 무엇일까? 패스트푸드점에 가면 싼값에 커피나 음료수를 마실 수 있는데도 값이 몇 배나 비싼 호텔 식당에서 사람을 만나 차를 마시는 이유는 무엇일까?

그 이유는 백화점이나 특급 호텔에서는 돈으로 환산할 수 없는 무언가를 제공하기 때문이다. 이처럼 단순히 상품의 가격뿐 아니라 협상에 임하는 자세가 눈에 보이는 협상의 의제인 가격보다 훨씬 중요하게 작용할 때가 많다. 어떤 물건을 구매할 때 우리는 입으로는 가격에 대해서만 이야기하는 것 같지만 협상 상대방이 나에게 제공하는 개인적인 신뢰감, 친밀감, 믿음 등을 구매 가격에 포함시켜 지불하고 있는 것이다.

예를 들어 신도시 아파트 중에서 같은 평형, 같은 층, 같은 주거 환경임에도 불구하고 어느 특정 회사에서 지은 아파트가 다른 아파트에 비해 수천만 원씩 비싼 경우가 있다. 결국 이렇게 비싼 프리미엄 부분은 바로 건설회사의 신뢰도, 인지도, 즉 특정 건설회사에 대한 믿음에 치르는 대가인 셈이다.

보험설계사나 자동차 판매왕이 가격을 깎아줄 수는 없다. 그러나 이들에게는 눈에 보이지 않는 프리미엄이 가격을 깎아주는 것보다 더 가치가 있다는 사실을 고객들에게 설득할 수 있는 노하우가 있다. 이런 노하우는 다음과 같은 설득의 기본적인 원리에서 생겨난다.

첫째, 당신의 말을 따르면 혜택을 받게 될 것이라고 생각하게 만들었을 때

둘째, 당신의 말을 따르지 않으면 불이익을 당하게 될 것이라고 생각하게 만들었을 때

셋째, 당신과 상대방 사이에 강한 인간적인 유대감이 형성되었을 때

넷째, 당신이 상대방보다 전문적인 지식이 있다고 믿게 만들었을 때

마지막으로, 당신이 일관성 있는 말과 행동을 보여줄 때 상대방은 설득당한다.

설득당한 고객은 보험설계사나 자동차 영업사원이 권하는 물건을 살 수밖에 없다. 설득의 과정에서 같은 가격이지만 이들에게 사는 것이 다른 사람에게 사는 것보다는 훨씬 값진 물건이라고 생각하게 되기 때문이다. 입으로 협상하고 있는 가격이나 다른 사안보다 눈에 보이지 않는 신뢰에 대한 협상에서 성공한 덕택이다. 유능한 협상가는 항상 테이블 위에 놓여 있는 의제 뒤에 숨겨진 인간의 본능과 욕구를 파악하는 눈을 가진 사람이다.

불확실한 추측은 늘 확인해보라

협상을 할 때면 자신의 약점은 크게 느껴지는 반면
상대방이 가지고 있는 약점은 잘 보지 못한다.

백화점 경쟁이 치열해지기 전까지만 해도 특별 세일은 말 그대로 특별 행사였다. 그러나 요즘은 기회만 생기면 백화점이 경쟁적으로 세일을 하면서 고객을 유인한다. 또 이제는 이렇게 공식적으로 드러내놓고 하는 세일 외에도 개별 매장 단위로 고객서비스라는 이름을 붙여 수시로 가격 할인을 알리는 판촉물을 보내온다.

앞서 밝힌 대로 평소 백화점의 정찰제에서도 협상을 할 수 있다 믿어왔으며 백화점에서 물건 가격을 깎는 데 성공한 적이 몇 번씩이나 있었다. 하지만 그런 나조차도 백화점 행사 기간에 세일하는 물건을 사면서 물건값을 깎으려는 생각은 아예 하지 못했다. 세일 기간이 아닐 때는 충분한 마진폭이 있으니 아무리 정찰제여도 가격 협상이 가능하겠지만 70퍼센트나 할인하는 물건은 그만큼 마진폭이 적기 때문에 협상이 불가능할 거라는 고정관념 때문이었다.

어느 날 협상에 관한 책을 읽다가 '성공적인 협상가는 남의 말도 믿지 않지만 자신의 생각도 검증이 없는 한 절대로 믿지 않는다.'라는 구절이 가슴에 와 닿았다. 전에도 여러 번 읽은 내용이지만 스스로 협상 전문가라 인정하면서부터 나의 판단에 대해 지나친 자신감이 생긴 터라 나 자신을 신뢰하려는 경향이 많았던 것도 사실이다. 그리고 며칠 후 시내의 한 백화점에서 마침 세일 중인 양복 한 벌을 구입할 기회가 있었다.

"이 양복, 얼마나 세일합니까?"

"50퍼센트 할인해드리고 있습니다."

판매사원의 도움을 받아 마음에 드는 양복을 고른 후 할인받은 정확한 가격을 물었다.

"정상 판매가격은 45만 원인데 50퍼센트 할인해서 22만 5,000원입니다."

가격을 듣고 얼마 더 깎아달라는 협상을 시작하려다 이렇게 말했다.

"세일인데도 뭐 특별히 싼 것 같지 않네요? 양복을 사게 되면 양복하고 어울리는 셔츠와 넥타이도 함께 사야 좋을 것 같은데 예산을 좀 초과하는 듯싶군요. 넥타이값 정도는 양복에서 빼주실 수 있겠죠?"

이렇게 시작한 협상은 20만 원으로 쉽게 끝이 났다. 백화점에 오기 전 소위 협상 전문가인 내가 생각했던 '세일하는 물건은 마진폭이 적기 때문에 가격 협상의 여지가 없다.'라는 가정이 크게 잘못된 것임을 깨달을 수 있었다. 오히려 세일 기간에 빨리 팔아 치우려는 욕심으로 잔뜩 진열해놓은 물건들을 구입할 때 하는 협상이 정가대로 판매할 때보다 더 쉬울 수도 있다는 사실을 그제야 알게 된 것이다.

특별히 협상에 있어서 상대방이 하는 말과 행동에 대하여 '밑바닥에 깔려 있는 저의는 무엇일까?' 하고 의심하는 것이 필수적인 것처럼 협상 테이블에 앉기 전 '상대방은 이렇게 생각하고 있을 거야.'라는 자신의 추측이 얼마나 정확한지 스스로 시험해보는 것도 필수적이다. 협상 케이스를 강의할 때 케이스 스터디를 시작하기 전에 교육생들에게 반드시 요구하는 사항이 있다. 일단 구매자 역을 맡은 교육생에게는 판매자가 팔 의향이 있을 것 같은 최저 가격을, 반대로 판매자 역을 맡은 교육생에게는 구매자가 지불할 의향이 있겠다 싶은 최대 가격을 추측해서 적어보는 것이다. 그리고 케이스 스터디가 끝난 후에 이렇게 적어 놓은 쌍방에 관한 추측이 얼마나 정확했는지 비교해보면 대부분 빗나가 있다.

이 같은 결과는 주로 상대방과 협상을 시작하기에 앞서 자신이 처한 상황과 정확하지 않은 정보를 가지고 주변을 분석하기 때문에 일어난다. 협상을 할 때면 누구나 다 약점을 가지게 마련이다.

그런데 묘하게도 자신의 약점은 크게 느껴지는 반면, 상대방이 가지고 있는 약점은 잘 보지 못한다. 자신의 약점을 중심으로 상대방의 의사에 대해 추측하는 것은 그만큼 정확할 수 없다. 상대방에 대해 정확하게 아는 것이 협상의 결과를 좌우할 만큼 중요한 사안이라면 반드시 당신의 생각을 검증해볼 필요가 있다. 자신의 추측이 맞는지 혹 상대방에 관한 편견을 가지고 있는 것은 아닌지 객관적인 자료들을 찾아서 확인하는 노력이 필요하다.

이왕 백화점 이야기를 시작했으니 그 후 선물용으로 넥타이 두세 개를 사려고 들렀을 때의 일도 마저 이야기하는 게 좋겠다. 외환위기가 닥쳤을 때 극심한 경기 침체의 여파로 많은 업체들이 경쟁하듯 세일을 하고 있었다. 마침 마음에 드는 물건을 찾았는데 '30퍼센트 세일'이라는 표시 밑에 진열되어 있었다.

"아가씨, 저 옆에 있는 물건은 40퍼센트 할인인데 왜 이것만 30퍼센트입니까?"

"손님, 이 물건은 신상품입니다. 원래 세일을 해서는 안 되는 상품인데 처음으로 세일을 하는 거예요."

"신상품이라고 해서 별로 특별한 것 같지도 않은데요? 이 디자인이 선물하려는 사람과 잘 어울릴 것 같긴 한데. 어때요? 40퍼센트 할인해주시면 두 개를 살게요."

그런데 예상치 못한 일이 벌어졌다. 세일 가격에서 다시 깎는 일에 아무리 자신감이 붙었다고는 하지만 그래도 은연중에 힘들 거라고 생각했었다. 그러나 내가 들은 답변 역시 내 생각을 벗어나는 것이었다.

"그러세요, 손님. 선물용으로 포장해드릴까요?"

너무 순순히 값을 깎아주는 판매사원을 보고 되레 놀라지 않을 수 없었다. 포장한 물건을 들고 나오며 중얼거렸다.

"40퍼센트가 아니라 50퍼센트 깎아달라고 할걸. 아무래도 잘못한 것 같아."

공통분모 찾는 일과 파이 키우는 일

신(新)협상형은 상대방으로 하여금 자신의 의견을 받아들이도록 요구하기에 앞서 쌍방이 만족할 수 있는 공통분모를 찾는다.

1990년대 후반 외환위기로 시작된 IMF 시대가 닥치자 음향기기를 생산하는 I 사는 K 씨가 근무하던 독일 지사를 폐쇄하기로 방침을 정했다. K 씨는 2년 전 5년 예정으로 독일로 떠나면서 거주하던 집을 팔까 아니면 세를 줄까 고민했었다. 그리고 해외에 나가 있는 동안 관리도 힘들 것 같고 집값도 오를 만큼 오른 것 같아 그냥 팔아버렸다. 집을 팔아 남은 돈은 장기적인 투자를 목적으로 안정적인 대기업의 주식을 중심으로 주식 투자를 하고 현지로 떠났다.

그런데 너무 갑작스럽게 찾아온 경제위기에 이 모든 계획이 물거품이 되어버렸다. 당장 귀국하니 기거할 집도 없었다. 2년 전 대

마불사의 신화만 믿고 대기업 주식을 중심으로 투자해놓았더니 K 씨가 투자한 회사가 부도 위기에 몰린다는 소문과 함께 주가는 바닥으로 곤두박질쳐 버렸다. 더 기다려야 손해만 볼 것 같아서 주식을 다시 팔아 치우고 보니 투자했던 돈의 삼분의 일도 채 되지 않았다. 남은 돈으로 거주할 집을 사든지 전세를 얻든지 빨리 결정해야 한다. 귀국하기 전 선편으로 보낸 이삿짐이 약 3주 후면 도착할 예정이다.

여러 가지 여건을 감안한 결과 전에 살던 집보다는 작더라도 전세보다는 차라리 집을 사는 것이 낫겠다는 판단이 섰다. 아내와 함께 여러 지역을 돌아다닌 후 곧 중학교에 입학할 자녀의 교육 환경, 귀국한 며칠 동안 서울에서 경험한 심각한 교통 문제와 대기오염, 장래의 아파트 가격 상승 기대치, 최근 아파트값 인하폭 등을 고려해 서울 근교 P 신도시에 32평 정도의 중형 아파트를 구매하기로 결정했다.

P 신도시 32평형 고층 아파트 7층에 거주하고 있는 집주인은 몇 년 전부터 준비하던 해외 이민의 꿈이 실현될 시기가 다가왔다. 이미 해외 이주에 필요한 모든 절차를 끝마쳤으며 온 가족의 비행기표 예약 또한 3주 후로 해놓았다. 현재 거주하고 있는 아파트는 6개월 전부터 부동산 중개업소에 시세대로 1억 8,000만 원에 내놓았다. 그 후 한 달간 몇 사람이 다녀갔으나 조금이라도 더 받고 팔려는 욕심에 가격 협상이 잘 안되어 팔지 못하였다. 그런데

1997년 말 갑자기 닥친 IMF 한파 이후 부동산 가격이 떨어지기 시작하더니 한 사람도 보러 오지 않았다. 마음이 초조해지기 시작하여 한 달 전에는 시세보다 1,000만 원이나 낮은 1억 7,000만 원으로 내려서 내놓았다. 그런데도 몇 사람이 문의만 했을 뿐 사려고 달려드는 사람이 없었다. 몇 달 전에 200만 원 때문에 협상이 결렬됐던 일을 생각하면 지금도 억울해서 잠이 오질 않는다. 엎질러진 물이라고 생각하며 어제는 다시 부동산에 전화를 걸어 시세보다 2,000만 원이나 싼 '1억 6,000만 원, 급매물'로 내놔달라고 했다.

P 신도시에서 부동산 중개업을 하고 있는 S 씨는 아파트를 사려고 찾아온 몇몇 사람들에게 이 아파트를 소개하였으나 쌍방 간에 가격 절충이 되지 않아 아직 거래를 성사시키지 못했다. 지역 아파트 매매 중개를 전문으로 하고 있는 S 씨가 가지고 있는 자료에 따르면 최근 2개월간 32평형 아파트의 거래는 아파트의 위치 및 방향에 따라 1억 8,000만 원에서 2억 1,000만 원 사이에서 아주 간간히 이루어지고 있을 뿐이다. 게다가 IMF 이후 거래량이 급감하여 사무실 임대료도 못 내는 형편이 되자 S 씨 역시 답답하기는 마찬가지였다.

K 씨는 몇 차례 주위 환경을 돌아본 후 중개인과 함께 방문하여 살펴본 결과 아파트가 썩 마음에 들었다. 더욱이 급매물이라 가격도 시세보다 싸다는 점을 감안해 가격 절충만 잘 된다면 당장 구입하는 쪽으로 마음을 정했다. 조금만 더 깎아서 살 수 있다면 2년

전 집 팔아서 투자한 주식으로 손해본 돈을 조금은 보충할 수 있을 것 같았다. 아파트를 둘러본 후 K 씨는 집주인과 마주 앉았다.

"얼마에 파실 작정이세요?"

"시세보다 2,000만 원이나 싼 1억 6,000만 원에 급매물로 내놓았습니다. 1억 6,000만 원은 꼭 받아야 해요."

"사실 1억 6,000만 원도 싸게 내놓으신 건 아닙니다. 부동산 시장이 좋지 않아 아예 거래조차 되지 않고 있는 이 마당에 1억 6,000만 원을 다 받으시려고요? 제가 3주일 이내에 현금으로 집값을 다 지불해드릴 테니 1억 5,000만 원으로 하시죠."

"죄송하지만 그렇게 받고는 집을 팔 수가 없습니다."

집주인은 불쾌한 표정으로 응답했다.

"그래요? 잘 알았습니다."

집주인의 못마땅해하는 태도에 기분이 상한 K 씨도 불쾌한 기분으로 답변을 하고 막 나가려고 하는 순간 중개인이 끼어들었다.

"아니 두 분 왜 이러십니까? 그러지 말고 제 사무실로 가서 차근차근 얘기를 좀 더 해봅시다. 요즘은 부동산 시장이 다 엉망이라 팔려고 내놓은 아파트는 많지만 팔리지 않아요. 그리고 K 선생님, P 신도시에서는 이 집보다 싸게 나온 물건은 없습니다. 어떻게 해서든 두 분이 잘 합의를 보시는 게 서로에게 낫습니다."

중개인의 제안에 따라 K 씨와 집주인은 장소를 옮겨 중개사무실에 앉아 얼굴을 맞대고 있다. 이제 협상을 위한 분위기가 조성

되었다. 당신이 K 씨라면 어떻게 협상을 진행하겠는가? K 씨라는
가정하에 협상을 진행하는 당신은 다음 몇 가지 유형 중 하나에
속할 것이다.

1. 서부의 카우보이형

"다시 말씀드리지만 저는 1억 5,000만 원에서는 한 푼도 더 지
불할 수 없습니다. 내일까지 생각할 여유를 드릴 테니 이 금액에
파실 의향이 있으시면 내일 연락 주십시오. 요즘 부동산 경기를
봐서는 이 가격에라도 파시는 게 나을 것 같은데요."

무슨 일이든 밀어붙이는 협상 습관을 가지고 있는 당신은 이에
덧붙여 만약 내일까지도 이 가격에 합의가 되지 않는다면 그냥 다
른 아파트를 사겠다는 위협을 할 수도 있을 것이다.

2. 한국의 양반형

카우보이형과는 반대로 쉽게 항복해버리는 유형이다. 이러한
유형은 금액 조정 같은 문제로 상대방과 대결 국면을 만들어 상대
방으로부터 비난받거나 인색한 사람으로 여겨지는 것을 참지 못
하며, 3주 내로 집이 꼭 필요한 상황에서 다른 집을 찾기 위해 겪
어야 하는 귀찮음을 생각하면 차라리 이 가격도 괜찮다며 쉽게 마
무리한다.

"좋습니다. 당신이 원하는 대로 1억 6,000만 원을 지불하겠습니

다. 어려운 처지에 있는 것 같은데 사람이 돈 가지고 너무 쩨쩨하게 할 수도 없는 노릇이죠. 어쨌든 이것도 인연이니 앞으로 잘 지내봅시다."

3. 공평성 추구형

많은 사람들이 즐겨 취하는 형태는 공평성의 개념을 협상에 도입하는 것이다. 물론 여기서 공평성이란 객관적인 개념이 아니라 자기 혼자 생각하는 주관적 공평성이다. 이 유형은 다음과 같이 협상을 마무리한다.

"당신이 요구하는 1억 6,000만 원과 내가 요구하는 1억 5,000만 원의 차이가 1,000만 원입니다. 우리 공평하게 절반씩 양보하면 어떨까요? 내가 1억 5,500만 원을 내겠습니다."

4. 합리적 이론가형

이 유형은 특히 서양의 협상 이론에서 많이 추천되는 형태이다. 이 유형에 속한 사람은 우선 감정을 억누르고 이성적인 방법과 자료들을 상대방에게 제시해서 설득하려 한다. 그리고 상대방이 왜 집을 팔려고 하는지, 앞으로 부동산 가격의 추이는 어떻게 될지, 왜 나와의 거래가 다른 사람과의 거래보다 유리한지 등 자신이 알고 있는 모든 지식과 경험을 이용하여 상대방이 생각을 바꾸도록 설득하는 유형이다.

"제가 알아보니까 당신의 아파트와 같은 층에 있는 아파트가 최근에 1억 6,000만 원에 팔렸더군요. 그리고 앞으로 전망을 살펴보니 부동산 거품이 더 빠질 것 같습니다. 일본의 경우만 봐도 장기 불황이 계속되니까 부동산 가격이 30퍼센트 이상 떨어졌습니다. 잘 아시겠지만 우리나라 부동산 가격도 이미 상당히 많이 떨어졌지만 아예 폭락할 가능성도 있습니다. 자, 3주 이내에 잔금까지 다 드릴 테니 1억 5,000만 원에 빨리 계약을 체결하시죠."

가능성이 희박하기는 하지만 어쩌면 '서부의 카우보이형'이 통할지도 모른다. 집주인은 3주일 내에 아파트를 팔지 못하면 해외 이주를 늦추거나 아니면 팔지 못하고 세를 주고 가야 하는 일이 발생하기 때문이다. 그러나 이러한 최후통첩을 하면 당신은 다른 아파트를 찾기 위해 또 다른 수고를 해야 하고 1억 6,000만 원보다 더 비싼 가격으로 사야 할 가능성도 상당히 높다. 카우보이형인 당신을 향한 집주인의 반응은 아마도 다음과 같을 것이다.

"당신 아니면 어디 아파트 살 사람이 없나? 차라리 다른 사람한테 더 싸게 팔아도 당신한테는 안 팔겠어. 지금까지 기다리다 몇천만 원 손해 봤는데 조금 더 보면 어때. 사람 기분 나쁘게 만들고 있어."

둘째 유형인 한국의 양반가형에 속하는 사람이라면 "계약합시다."라고 말하는 순간부터 후회하기 시작할 것이다. '아니 내가 왜 조금 더 참지 못했을까? 조금만 더 참았더라면 최소한 몇백만 원은 깎을 수 있었을 텐데. 몇백만 원이면 몇 년을 저축해도 모으기 힘든 큰돈인데 말이야.' 이해득실이 달려 있는 협상에서 너무 쉽게 양보하는 것은 결국 한순간의 겉치레를 위하여 평생을 후회하게 만든다. 양반형은 대부분 쉽게 양보해주고 쉽게 후회하는 경향이 많다.

셋째 유형인 공평성 추구형은 얼핏 보기에는 공평하고 합리적인 협상 유형이라 생각될 수 있다. 그러나 이 유형이 성공할 확률은 그다지 높지 않다. 이는 당신과 상대방이 생각하는 공평함이 서로 다르기 때문이다. 앞으로 값이 더 떨어질 것이라 보고 1억 5,000만 원이어야 살 수 있다고 주장하던 당신이 서로 양보하여 1,000만 원의 차이를 공평하게 500만 원으로 나누자고 제안해도 이미 시세보다 2,000만 원이나 싸게 내놓아 마음이 언짢은 집주인은 절반을 나누는 것이 공평하다고 생각할 수 없을 것이다. 당신의 제안에 "나는 1억 6,000만 원이 아니면 안 되겠습니다."라고 집주인이 딱 잘라 말하면 결국 먼저 반으로 나누자고 제안한 당신은 상대방으로부터 아무런 가격 인하의 양보를 받아내지 못한 채 1억 5,000만 원에서 1억 5,500만 원으로 양보만 한 셈이 되어버린다. 이럴 때 추후 협상을 통하여 결정되는 가격은 1억 5,500만 원과 1억 6,000만 원의 중간쯤이 될 가능성이 높다.

마지막 합리적 이론가형은 서구인들을 상대로 하는 협상에서는 상당한 효과를 발휘할 수 있다. 그리고 이론상 많은 장점이 있다. 특히 미국인들과의 협상 경험을 통해 합리적이고 논리적인 접근 방법이 상당한 효과를 발휘한다는 점을 알 수 있었다. 그러나 합리적 이론가형은 몇 가지 오류를 범할 가능성이 높다.

첫째, K 씨가 집주인을 설득하기 위해 제시한 이웃의 매매 가격은 많은 매매 중 하나에 불과하며 틀림없이 당신이 제안한 가격보다 더 높은 가격으로도 거래된 적이 있을 것이다. 뿐만 아니라 K 씨의 합리적 판단(?)과는 달리 앞으로 부동산 가격이 상승할 수도 있다.

둘째, K 씨가 집주인을 설득하고자 제시한 경제 흐름과 같은 이론들은 집주인이 전혀 이해할 수 없는 것일 수 있으며, 아니면 아예 완전히 다른 의견을 가지고 있을 수도 있다. 만약 집주인 또한 당신과 같은 합리적 이론가형이라면 밤새도록 당신을 설득하려 할 테니 자칫하면 입씨름만 오갈 것이다. 게다가 상대방이 카우보이형의 협상 스타일을 복합적으로 지니고 있다면 당신이 어떤 이론이나 근거를 제시한다 해도 전혀 개의치 않고 자신의 주장만 되풀이할 것이다.

협상 전문가로서 나는 위의 어떤 유형도 아파트를 구입하려는 K 씨에게 적합한 형태라고 생각하지 않는다. 그렇다면 어떤 유형이어야 항상 이기는 협상을 할 수 있을까? 나는 이 협상 유형을 '신新협상형'이라 이름 붙인다. 신협상형은 어떤 것인가? 이러한 유형으로 협상 스타일을 만들어가기 위해서는 무엇을 염두에 두어야 할까?

가장 먼저 필요한 것은 모든 협상에는 쌍방이 동시에 만족할 수 있는 해결점이 반드시 존재한다고 생각하고 이를 찾으려고 노력하는 것이다. 앞에서 분류해본 모든 협상 유형들은 문제를 해결하기 위하여 접근하는 방법이, 자신의 입장을 상대방이 받아들이도록 하는 것이거나 아예 상대방의 요구를 그대로 받아들이는 것이다. 이와 같은 협상 방법은 제로섬의 전형적인 유형이다. 그러나 신협상형은 상대방으로 하여금 자신의 의견을 받아들이도록 요구하기에 앞서 쌍방이 만족할 수 있는 공통분모를 찾는다.

K 씨 입장에서 어떻게 서로 만족할 수 있는 방법을 찾을 수 있을까? 그것은 상대방에게 어떤 문제가 있는가를 찾는 데에서 출발한다. 집주인은 3주 내에 이민을 가야 한다. 하지만 사정이 아무리 급해도 아파트 가격을 1억 6,000만 원보다 낮게 파는 것은 도저히 용납하려 하지 않는다. 그렇다면 아파트값을 그대로 다 지급하고 다른 것을 얻어낼 방법은 없을까? 이렇게 접근하다 보면 재미있는 해결 방법들이 생각날 것이다. 한 예로 우선 K 씨는 귀국해서 현재 자동차가 없는 상태이다. 만약 집주인이 타던 자동차가 비교적 쓸 만하다면 아파트값을 다 지불하는 대신 그 차를 포함해서 달라고 하는 것도 한 가지 방법이 될 수 있다. 아니면 다른 가전제품이나 가구를 포함해달라고 할 수도 있다. 집주인이 모든 돈을 한꺼

번에 환전해서 나갈 계획이 아니라면 3주일 이내에 잔금을 지불하는 대신에 일부를 나중에 지불하는 것에 대해서도 생각해볼 수 있다. 잔금 지불을 늦춤으로써 얻어지는 이자 소득도 무시하지 못할 금액이다. 이처럼 상대방의 처지를 이해하려고 노력하면 가격만 바라보던 좁은 시각에서 벗어나서 공통분모를 찾아낼 수 있을 것이다.

이렇게 서로가 만족할 수 있는 점들을 찾아낸 후에 필요한 것은 일반적으로 알려진 협상 기술들을 자유자재로 활용할 줄 아는 융통성이다. 대부분의 사람들은 일단 자신의 협상 패턴이 형성되면 이를 좀처럼 바꾸려고 하지 않는다. 그러나 현실에서는 똑같은 사람과 똑같은 것을 가지고 똑같은 상황에서 협상하는 일이 거의 없다는 점을 인식한다면 상황에 따라 탄력적으로 적응하는 자세가 얼마나 중요한지 알 수 있다. K 씨의 경우에 이미 정형화된 자신의 협상 스타일을 고집하지 않고 집주인의 협상 스타일에 맞추어 자신의 협상 패턴을 탄력적으로 적용한다면 이미 전 단계에서 쌍방이 만족할 수 있도록 키워놓은 파이를 더 많이 가져올 수 있을 것이다.

티끌 모아 태산 전술

상대방이 부담 없이 주도록 만들기 위해서는
작은 것을 요구하는 전술이 필요하다.

해외 출장 중 비행기에서 흥미롭게 본 마이클 키튼과 앤디 가르
시아가 주연한 영화 〈데스퍼레이트Desperate Measures〉 이야기이다. 샌
프란시스코의 경찰 프랭크(앤디 가르시아)는 백혈병으로 시한부 선
고를 받은 아들에게 골수 이식을 해줄 사람을 찾기 위하여 애쓰던
중 겨우 적합한 사람 하나를 찾아낸다. 찾아낸 사람은 살인죄로 종
신형을 선고받고 감옥에 갇혀 있는 죄수 피터(마이클 키튼)이다. 아
들에게 골수 이식을 해주어 생명을 연장시키려는 프랭크는 감옥
으로 피터를 찾아가서 골수를 이식해달라고 간절하게 부탁한다.

다른 사람에게 사랑받아본 적 없는 냉혈 인간 피터에게는 아들
을 살려달라는 프랭크의 인간적인 호소가 통하지 않는다. 그러나

종신형을 선고받고 탈주가 불가능한 감옥에 갇혀 있으면서도 절대 포기하지 않고 탈주할 생각만 하고 있던 피터는 이 기회를 이용하여 탈주 계획을 세우고 프랭크와 협상을 시작한다.

"이봐! 프랭크, 자네가 원하는 대로 골수를 자네 아들에게 이식해주도록 하지. 단, 내가 원하는 몇 가지 요구 사항을 수락해준다는 조건에서 말이야."

"무슨 조건인지 말해보시오. 내가 할 수 있는 일이라면 최선을 다해 들어줄 테니까."

"그렇게 어려운 건 아니야. 첫째, 감옥에 있는 동안 담배를 피울 수 있도록 해줄 것. 둘째, 재소하는 동안 도서관을 사용할 수 있도록 배려해줄 것. 셋째, 독방에서 나가서 운동을 할 수 있도록 해줄 것. 이 세 가지를 들어준다면 기꺼이 자네 아들을 위해 골수 이식 수술을 받겠네."

아들의 목숨을 살리기 위하여 무엇이라도 희생할 각오가 되어 있던 프랭크는 피터의 요구가 석연치 않았으면서도 피터가 원하는 것을 할 수 있도록 주지사에게 청원한다. 그리고 이 청원은 받아들여져 피터는 곧 감옥에 있는 동안 요구했던 대로 생활할 수 있게 된다.

'수술을 위해 감옥에서 병원으로 이송된 다음 수술하기 전에 곧바로 탈주한다.'라는 계획을 세운 피터는 자신이 협상을 통해서 얻어낸 감옥에서의 특권들을 최대한 활용한다. 도서관에 가서 인터넷을 통하여 병원의 정보를 입수함으로써 구체적인 탈주 계획을 짠다. 담배를 피울 수 있는 특권을 이용해서 얻은 라이터로는 탈주할 때 사용할 무기를 제작한다. 독방에서 나가 다른 죄수들과 함께 운동을 하면서는 의약품을 다루는 죄수를 만나 수술 직전 병원에서 마취할 때 바로 깨어날 수 있는 약을 구한다. 이렇게 치밀하게 탈주를 계획한 피터는 병원에서 수술을 받던 중 1차 탈출에 성공한다. 그러나 곧 경찰의 포위망에 갇힌 그는 아들을 살리기 위해서라면 무엇이든 희생할 수 있다는 프랭크의 부성애를 이용하여 지속적인 협상을 벌여 병원 밖으로 탈출하는 데 성공한다.

이 영화 속에 나타난 살인범 피터의 협상 태도를 보며 몇 가지 협상의 중요한 원칙을 배운다.

맨 먼저 최악이라 생각되는 상황에서도 포기하지 않고 협상을 하는 적극적인 자세이다. 사람들은 대부분 상황이 아주 어려워져 협상을 통해 자신이 원하는 것을 얻어낼 수 없다고 판단되면 쉽게 포기한다. 그러나 피터는 다르게 행동한다. 협상만으로는 절대로 밖으로 나갈 수 없음에도 불구하고 그는 협상을 시작한다.

두 번째는 큰 것을 한꺼번에 얻는 것이 불가능한 상황에서 아주 작은 것을 요구하면서 시작하는 협상의 모습이다. 한 번에 자신이 원하는 것을 모두 얻을 수 없음을 알았지만, 그는 협상을 통해 하나하나 작은 것들을 얻어내 이를 전체적으로 활용하여 기어이 자신이 원하는 탈옥에 성공하고야 만다. 좌절하지 않는 지속적인 협상의 태도가 이를 가능하게 한 것이다.

'뜻이 있는 곳에 반드시 길이 있다.' 아무리 가능성이 없어 보이는 것도 목표가 분명하면 달성할 수 있는 방법이 생겨난다. '티끌 모아 태산'이다. 한꺼번에 얻을 수 없다면 조금씩 얻어가라. 한 번에 상대방에게서 큰 것을 양보받아야만 성공적인 협상이 되는 것은 아니다. 목표를 세우고 이를 달성하기 위하여 요구하는 작은 양보들이 모여서 큰 것을 이룬다.

상대방이 부담 없이 주도록 만들기 위해서는 작은 것을 요구하는 전술이 필요하다. 특히 상대방이 절대로 양보할 수 없는 큰 것을 얻어내기 위해서 택해야 하는 것은 '티끌이 모이면 태산을 이룬다.'라는 신념이다.

스스로 잘난 척하는 협상가들에게

80만 달러에 구입한 사람이나 400만 달러에 추가 로열티까지 지급하고
협상을 마무리 지은 사람이나 똑같이 자신의 협상 결과에 상당히 만족했다.

한국의 B 철강회사는 첨단 기술을 가지고 있는 해외의 K 사를 매
입하기로 결정하고 협상을 진행하였다. B 철강회사의 이사회에서
결정하여 협상팀에 위임한 금액은 미화 400만 달러이다. 만약 B
철강회사가 K 사를 성공적으로 인수한다면 연구 개발비 등에 투
입될 비용을 훨씬 절약할 수 있을 것이라는 조사 결과가 나왔다.

반면에 K 사는 첨단 기술을 개발했으나 상품의 실용화에 너무
많은 현금을 투자한 결과 부도 위기에 처해 있다. 만약 부도가 나
기 전 회사의 매각을 종결짓지 못하면 기술 개발을 위해 자본을
출자한 출자자들의 주식은 휴지 조각이 되고 만다. 주주들이 부채
액수를 종합해보니 70만 달러 이상만 받고 팔면 부도를 내는 것보

다는 유리하다고 판단하고 협상에 임했다.

위에 소개된 협상 사례는 교육을 목적으로 만들어진 것이다. 이 사례를 가지고 우리나라 4대 그룹에 속하는 모 그룹 임원 80여 명과 P 제철회사 150여 명의 중간관리자들을 대상으로 협상 세미나를 실시했다. 교육 과정에서 현실감을 더하고 협상에 진지하게 참여하는 것을 유도하기 위하여 구매자인 B 철강회사 역할을 맡은 사람에게 1,000원권 40장으로 현금 4만 원을 지급하였다. 협상을 통해서 결정되는 가격대로 판매자인 K 사 역할을 맡은 이에게 1,000원을 10만 달러로 계산하여 지불하게 한 것이다.

실제로 현금이 오고 간 탓인지 교육 참가자들은 주어진 시간 안에 협상을 마무리하기 위해 모두 열심히 노력했다. 그러나 협상 결과는 놀랄 만큼 큰 차이를 드러냈다. 구매자인 B 철강회사의 입장에서 볼 때 가장 성공적으로 낮은 금액을 주고 협상을 마무리지은 팀은 80만 달러에 구입했다. 반면에 가장 실패한 협상팀은 자신들이 가지고 있던 400만 달러를 전액 지불하고 이에 더하여 K 사가 가지고 있는 기술에 대한 대가로 향후 5년간 200만 달러를 추가 지불한다는 조건으로 협상을 마무리했다.

똑같은 내용으로 같은 시간 동안 진행된 협상이었음에도 불구하고 어떤 사람이 협상을 진행하느냐에 따라서 이렇게 큰 차이가 나타날 수 있다는 것은 매우 놀라운 발견이었다.

그러나 더 놀라운 것은 80만 달러에 구입한 사람이나 400만 달러에 추가 로열티까지 지급하고 협상을 마무리 지은 사람이나 똑같이 자신의 협상 결과에 상당히 만족했다는 점이다. 물론 많은 돈을 지불하고 구입한 팀은 다른 팀들과 가격을 비교한 후에 자신들이 협상을 잘못했다는 것을 알고는 생각이 바뀌긴 했지만 말이다.

현실 세계에서는 똑같은 협상이 두 번 일어나지 않는다. 따라서 이미 종결된 협상이 잘한 것인지 못한 것인지 판단하기는 쉽지 않다. 그리고 일단 협상이 끝나면 상대방이 어떤 정보를 가지고 협상했는지 알아내기가 거의 불가능하기 때문에 대부분의 사람들은 협상 결과에 만족감을 느끼게 되어 있다. 협상을 종결했다는 사실은 협상을 통해 무엇인가 얻어냈다는 것을 의미한다. 자신이 무엇인가를 얻어냈다는 사실이 곧 만족감을 심어주는 것이다.

사람들은 대부분 자신이 한 협상에 대해서 객관적으로 그것이 성공적이었는지 아니면 실패였는지를 따지기에 앞서 스스로 만족하는 경향이 있다. 그리고 자신을 훌륭한 협상가라고 생각해버린다. 물론 자신이 훌륭한 협상가라고 생각하면서 자신감을 가지고 협상에 임하는 것은 바람직한 일이다. 그러나 객관적으로 볼 때도 자신이 훌륭하게 협상을 진행할 수 있어야 한다는 것이 더 중요하다. 연구 결과에 비추어볼 때 체계적인 협상 진행 방법에 대한 이해나 충분한 준비 없이 느낌으로 협상을 진행하는 사람들은 협상 결과가 대체로 실패로 나타날 가능성이 매우 높다. 스스로 협상을 잘한다고 생각하거나 매일매일 하는 협상은 특별히 연구할 필요가 없다고 생각하는 사람들은 다시 한번 자신을 되돌아볼 필요가 있지 않을까?

가치 판단은 상황과 사람에 따라 다르다

시중에서 유통되는 천 원짜리 담배는 교도소에서 몇만 원씩에 거래된다.
똑같은 담배이지만 장소에 따라 수십 배의 차이가 난다.

내가 미국에 거주하는 동안 살던 집에서 도보로 5분도 채 안 걸
리는 거리에 당시 미국 최대 가전업체였던 제니스Zenith 사가 있었
다. 제니스 사 최고경영진은 임금 상승과 간접비용의 증가로 인하
여 다른 경쟁업체들이 생산거점을 멕시코를 비롯한 인근 국가들
로 옮기고 있을 때 그대로 미국에 남아서 생산을 계속하기로 결정
했다. 그러나 경영진의 노력에도 불구하고 가전업체의 상황은 갈
수록 악화되었다. 한국을 비롯한 아시아 국가들로부터 값싼 노동
력을 무기로 생산된 가전제품들이 밀려들어 오면서 가격 경쟁력
을 상실한 제니스 사의 시장점유율은 지속적으로 떨어졌다. 설상
가상으로 고도의 기술을 보유한 일본의 소니 사 등 전자회사는 멕

시코에 현지 공장을 설립하고, 고품질의 이미지를 이용한 판매 전략을 구사하고 있었다. 제니스 사는 갈수록 경쟁력을 상실하였다. 몇 년간 지속된 적자로 인하여 자본금은 거의 다 잠식된 상태이고 앞으로도 별 가망이 보이지 않는 암담한 상황이었다. 적자를 메우기 위해 은행에서 돈을 빌리기도 하고 뉴욕의 채권 시장에서 채권을 발행해 운영자금을 조달해보기도 했지만 은행도 등을 돌리기 시작했고, 채권도 금융 시장에서 소화되지 않고 있었다.

제니스 사가 할 수 있었던 일은 법원에 파산 신청을 해서 회사 자산을 처분하여 빚을 청산하고 다행히 조금이라도 남으면 주주들에게 배분하거나, 대주주를 중심으로 자본금을 증액하여 몇 년 동안 회사를 더 운영하여 새로운 방법으로 활로를 모색하는 것이었다. 그러나 대주주들이 바라는 최선의 해결책은 다른 회사가 경영권이라는 명목하에 얼마간의 프리미엄을 지불하고 부채와 자산을 모두 인수하는 M&A였다. 그런데 누가 이렇게 지속적으로 적자를 보고 있으며 부채도 많고 앞으로도 전망이 없어 보이는 가전 업체를 매입하기를 기대할 수 있겠는가?

내가 대학을 졸업한 후 첫 직장 생활을 했던 S 그룹은 몇 년 전 다음과 같은 원대한 사업 계획을 세웠다.

앞으로의 산업 전망으로 볼 때 자동차 산업이야말로 가장 유망한 분야이다. 내수시장뿐만 아니라 수출까지 생각한다면 대우, 현대, 기아 체제의 자동차 업계에 새로 진입하더라도 별다른 문제가 없을 것이다. 시멘트, 정유, 건설 등을 주체로 하는 그룹의 이미지와도 부합하는 사업이다. 금상첨화로 세계에서 가장 고급차로 알려진 벤츠 자동차와 기술 제휴도 할 수 있다. 사륜구동 자동차를 중심으로 시장을 개척해나가면 앞으로 국내 시장은 물론 수출 시장에서도 성공할 수 있을 것이다. 이렇게 S 그룹의 신규 사업 개발팀은 마케팅 계획과 이에 소요되는 자금 계획, 기술 도입 계획 등을 세우고 사업을 시작하였다.

그러나 모든 것이 계획대로 되는 것은 아닌 모양이다. 처음 예측했던 자금 계획이 빗나가기 시작하면서 공장 설립과 연구 개발비는 처음 계획보다 몇 배나 추가로 지출되었다. 수출을 통해 판매 수익을 올리려던 계획은 벤츠 사와의 라이선스 계약시 합의한 수출 지역 제한 내용에 따라 사사건건 제동이 걸렸다. 국내 시장도 마케팅 경험의 부족으로 인하여 생각보다 훨씬 늦은 속도로 성장해갔다.

이렇게 계획과 조금씩 틀어지더니 어느새 그룹 전체가 나서서 자금을 조달하지 않으면 안 될 만큼 적자폭이 커졌다. 부채 비율이 자본금의 몇 배를 넘은 것은 수년 전이고 시장 전망이나 지금까지 사업을 진행해오면서 얻은 정보를 바탕으로 판단해볼 때 앞으로도 계속 거액의 적자를 면하지 못할 것으로 판단되었다. 그렇게 건실하던 시멘트 사업 부문과 정유 사업 부문도 자동차 사업 부문의 운영자금을 차입하는 데 보증을 서다가 같이 부실해져버렸다. 게다가 나쁜 소문은 왜 그렇게 빨리도 퍼지는지 그렇게 소화가 잘되던 그룹의 채권도 소화가 되지 않았고, 열심히 돈을 빌려주던 은행에서도 이제 돈을 빌려주기는커녕 오히려 빌려간 돈을 갚으라고 성화였다. 수조 원에 이르는 돈을 차입해 운영을 해왔으니 원금은커녕 이자를 갚을 일도 암담했다. 사업이 잘돼서 수입이 있다면 좋겠는데 자동차를 팔아서는 운영비도 모자랐다.

S 자동차가 택할 수 있는 방법은 그렇게 많아 보이지 않았다. 법원에 법정관리나 화의를 신청해서 부채를 동결하고 재생할 방법을 찾든지 아니면 제삼자가 나타나서 자동차의 자산과 부채를 떠안고 사버리는 것 정도였다. 그런데 매달 몇천억씩 적자를 보는 회사를 누가 사려고 할까?

그런데 세상에는 참 이상한 일도 많다. 몇 년씩 적자를 보고 있으며 앞으로도 얼마나 더 돈을 퍼부어야 할지 모르는 장래가 암담한 회사들을 사겠다는 사람들이 나타난 것이다. 제니스 사를 한국의 대표적인 가전업체인 L 전자가 인수 의사를 표명하고 협상을 진행하였다. 그리고 깜짝 놀랄 만한 거액의 돈을 지불하고 인수를 마무리했다.

또한 한 달에 몇천억씩 적자를 보고 있으며 앞으로도 계속 몇천억씩을 퍼부어야 하는 S 자동차를 국내 자동차 3사 중 하나인 D 자동차가 인수 제의를 하였다. 몇 차례 협상에서 결렬 위기를 넘긴 후 막대한 부채를 떠안고 인수하기로 결론을 지었다.

도대체 어떻게 이런 일이 가능할까? 돈이 있으면 지금 당장 수익을 내고 있고 더 전망이 좋아 보이는 사업체에 투자를 할 수도 있을 텐데 왜 하필이면 적자를 보고 있으며 전망도 불투명한 회사를 사겠다고 나선 것일까? 평범한 사람들이 보기에는 정말 이해하기 힘든 일처럼 보인다.

그러나 이런 이해하기 힘든 일들을 D 자동차나 L 전자와 같이 돈 많고 큰 회사만 하고 있는 것이 아니라 평범한 사람들도 매일 매일 하고 있다. 예술을 잘 모르는 내가 보기에는 그렇게 비싼 돈을 주고 유명한 화가의 그림이나 조각품 등을 사기 위해 경매에 나선 사람들이 정말 이해가 되지 않는다. 그러나 그림 애호가들은 개인 소장을 위해 상상하기 어려운 높은 금액을 지불하고서라도 작품을 꼭 구입한다. 샤넬 매장에 신제품이 나왔다고 밤새워 줄을 서서 수백만 원짜리 가방을 사겠다고 각오를 다지는 부인을 이해하는 남편도 드물다. 용도와 실용성에 가치를 둔 남편의 시각에서는 수백만 원짜리 샤넬 신상품이 튼튼하게 잘 만들어진 동대문시장표 가방과 크게 다르지 않다.

대부분의 보통 사람들이 보기에도 적자를 보고 있는 제니스 사나 S 자동차는 그들의 빚까지 떠안으며 살 필요가 전혀 없는 회사들처럼 여겨진다. 세상에 가능성이 전혀 없는 회사를 살 바보가 어디 있겠는가? 그렇다면 L 전자나 D 자동차가 자선사업으로 적자 보는 회사를 매입했을까? 절대로 아니다. 이윤 추구를 위해서

온갖 수단 방법을 가리지 않는 자본주의 사회에서 그 많은 돈을 목적 없이 투자했을 리가 없다. 분명 L 전자와 D 자동차가 제니스 사와 S 자동차를 보는 가치 판단이 다른 기업이나 사람들과는 달랐을 것이다.

왜 사람들은 똑같은 물건을 보고서 다르게 가치 판단을 하는가? 이는 자신이 속한 환경과 배경이 모두 다르기 때문이다. 선호도 또한 서로 다르다. 교도소에서 교도관들이 죄수들을 상대로 담배 한 갑에 몇만 원씩 거래하도록 도와주고 뇌물을 받은 사건이 있었다. 교도소에서 몇만 원씩에 거래되던 그 담배는 시중에서 유통되는 천 원짜리 담배와 전혀 다를 바 없었다. 똑같은 정가가 표시된 담배임에도 불구하고 장소에 따라 몇십 배의 가격으로 흥정이 된 것이었다. 그런데도 교도소에 있던 몇몇 죄수들은 몇만 원씩 주고 이러한 담배를 사려 했다. 물론 담배를 피우지 않는 다른 죄수에게는 천 원이 아니라 500원에 팔려고 해도 사지 않았을 것이다. 객관적인 정가표가 천 원을 가리키는데도 흥정하는 상황과 상대방에 따라 가격이 천차만별로 달라질 수 있는 것이다.

협상을 잘하기 위해서는 겉으로 똑같아 보이는 협상 대상이라도 상대방에 따라 가치가 달라진다는 사실을 이해해야 한다. 이러한 사실을 염두에 두면 모든 협상을 내가 생각했던 것보다 훨씬 유리한 조건으로 마무리할 수 있다. 초등학교 바로 옆에 붙어 있는 아파트에 사는 노부부에게는 초등학교가 있다는 사실이 그저 소음이 발생하는 골칫덩이에 불과하다. 그러나 어린 자녀를 둔 젊은 부부에게는 길을 건너지 않고 다닐 수 있는 초등학교가 있다는 사실이 이 아파트의 가치를 올려줄 수도 있다.

성공적인 협상을 하기 위해서는 자신이 생각하고 있는 가치만 생각하고 협상에 임할 것이 아니라 상대방이 가질 수 있는 가치를 생각하여 접근할 수 있어야 한다. 가치는 주관적일 뿐 아니라 창조되는 것이다. 협상을 진행하면서 지속적으로 협상 대상의 가치를 상대방에게 심어주려는 노력이 필요하다.

IMF 협상에서 배운다

우리는 왜 협상 타이밍을 놓치고 끌려가다시피 협상을 마무리할 수밖에 없었을까?
바로 내부 협상에 실패했기 때문이다.

1996년 말부터 국내의 대기업들이 잇따라 부도를 내고 무너지기 시작했다. 또한 1997년 초부터 태국, 인도네시아, 말레이시아 등 동남아시아 각국에서 급격한 통화 평가절하, 자본 시장 붕괴 등이 일어나면서 아시아의 위기를 이미 예고하고 있었다. 같은 해 8월경에는 한국 주식 시장에 투자하던 외국 투자자들이 갑자기 외화를 빼 나가기 시작하면서 10월이 되자 원화 대 달러 환율이 급등하기 시작했다. 이러한 상황이 알려지자 11월 들어 해외 언론에서는 한국 경제의 구조적인 위기와 외환위기를 잇따라 보도하기 시작했다. 그리고 11월 16일 국제통화기금IMF, International Monetary Fund 총재 미셸 캉드쉬Michel Camdessus가 극비리에 한국을 방문했다.

19일에는 경제위기 타개의 책임을 맡기기 위하여 경제부총리에 임창렬 씨가 새롭게 임명되었다. 이어 20일에는 IMF 수석 부총재 스탠리 피셔Stanley Fischer가 방한하여 구체적인 논의를 시작하였고, 21일 밤 한국 정부는 결국 IMF 구제금융의 필요성을 공식 발표하기에 이르렀다.

11월 23일 IMF 실무 협의단이 한국 정부와 구제금융 협상을 위하여 입국했다. 이때부터 10일간 한국 정부와 IMF 측은 국가의 운명을 결정지을 강도 높은 협상을 진행하였다. 그리고 결국 12월 3일 협상 결과를 발표하기에 이르렀는데 중요한 내용을 요약해보면 다음과 같다.

- 1998년 경제성장률 3퍼센트 이내로 억제
- 부실 금융기관은 파산할 수 있도록 처리
- 1998년 소비자물가상승률 5퍼센트 이내로 억제
- 이자율을 18~20퍼센트 사이로 유지
- 12월 초에 52억 달러 지원, 대선 후 한국 정부의 협정 이행 사항을 보면서 협의된 스케줄대로 지원 여부 결정
- 외국인에게 자본 시장 개방
- 시장경제 체제의 폭넓은 도입

합의문 서명에 앞서 IMF 캉드쉬 총재는 대통령 선거 후보들에

게 대통령에 당선된다면 합의 내용을 준수하겠다고 약속하는 서신을 요구하였다. 합의문 발표 후 대다수의 국민들은 경제적인 신탁통치를 받게 될 것이라는 극단적인 자괴감을 드러냈고, 감정적인 대응을 보였다. 국민들의 심정을 이용한 대선 후보들은 합의된 내용대로 이행하지 않을 수도 있다는 발언을 하였다. IMF는 약속대로 12월 초 52억 달러를 한국에 지원하였다. 이 지원에도 불구하고 당초에 기대했던 한국의 국가신용등급 회복은 이루어지지 않았다. 국가신용등급 회복이 실패하면서 외화 차입은 지속적으로 어려움을 겪었고, 환율은 연일 사상 최고치를 경신했다.

IMF 협상을 끝내고 합의문에 서명한 뒤 채 6개월도 지나기 전에 우리 정부는 협상 당시 그렇게 양보할 수 없다고 버티던 사안들을 스스로 바꾸기 시작하였다. 실업을 우려해 3퍼센트의 저성장 안을 놓고 양보할 수 없다고 버텼던 정부는 스스로 성장률을 마이너스 1퍼센트로 하향 조정하였다. 부실 금융기관을 정리하면 국가 경제에 커다란 무리가 오기 때문에 시간을 두고 정리하는 것이 좋다고 주장하였으나 이 역시 스스로 알아서 하지 않으면 안 된다고 생각했다. 자본 시장을 개방하면 경제 식민지가 될 것이라고 주장하면서 절대 양보 불가라고 외치던 자본 시장 개방 스케줄도 우리 정부가 스스로 앞당겨 시행했다. 여기에 요구하지도 않은 부동산 시장까지 활짝 개방하면서 말이다.

IMF 협상 진행 과정과 협상 타결 후의 모습들을 지켜보면서 우리는 무엇을 배울 수 있을까? 물론 여러 가지가 있지만 그중 가장 크게 교훈이 될 만한 두 가지를 생각해보고자 한다. 하나는 충분한 준비 없이 협상을 시작하는 것이 얼마나 어리석은 짓인가 하는 점이고, 또 다른 하나는 외부에 있는 협상단과 협상하기 전에 먼저 내부 구성원들과의 합의를 잘 이끌어내는 것이 무엇보다 중요하다는 사실이다.

어떤 협상이든 협상을 시작하기 전 꼭 준비해야 하는 것은 '내가 무엇을 얻어낼 것인가?' 하는 협상의 목표와 또한 '무엇을 주고 무엇을 받을 것인가?' 하는 양보와 요구 전략이다.

한국의 협상 대표팀은 협상에 임하기 전 과연 충분한 준비를 했을까? 협상의 결과를 살펴보면 한국 협상팀이 협상에 임하기 전 준비가 얼마나 되어 있지 않았는지 알 수 있다. 그들은 외화를 차입하기 위한 협상을 한다면서 정작 얼마만큼의 금액이 언제 필요한지도 모른 채 협상 테이블에 앉았던 것이다.

"협상을 왜 해야 했는가?"라는 질문에 한국 정부의 협상 담당자들은 "외환위기를 극복하기 위해 외화가 필요했기 때문이다."라고 간단하게 답변하였다. 이것이 IMF 협상의 진정한 목적이었을까? 아니다. 이는 표면적인 이유일 뿐이고 한국 정부가 IMF 협상을 통하여 얻어내야 했던 진정한 목표는 '상실한 국가신인도를 회복하여 외국으로부터 자본 유입이 지속될 수 있도록 하는 것'이었다. 외환위기의 극복을 위한 IMF 차관 도입은 국가신인도를 제고하기 위한 하나의 수단에 불과했다. 그런데 목표 설정을 잘못한 한국 정부는 빚을 얻는다는 사실에 부끄러움만 느끼고 있었을 뿐이다. 국가신인도는 IMF 협상이 진행되고 타결된 이후에도 계속해서 더 떨어지고 말았다.

나는 우리 관료들의 능력을 신뢰하는 사람 중 한 사람이다. 그들이 협상에 임하기 전 '협상을 왜 해야 하는가?'에 대해 깊은 통찰력을 가지고 협상 준비에 충분한 시간을 가졌더라면 목표도 분명하게 설정했을 테고 또한 목표를 달성하기 위해 현명한 협상을 진행할 수 있었을 것이다. 그러나 목표치 설정을 위한 충분한 준비 없이 협상에 임했던 우리 대표단은 우왕좌왕하며 세계의 웃음거리가 되고 말았다.

반면에 IMF 측은 10일이 채 안 되는 협상 기간 중 한국 경제의 문제점을 간파하고 자신들이 원하는 바를 분명하게 요구하는 모습을 보여주었다. 한 국가의 경제를 분석하고 다루는 일이 어디 10일 안에 가능한 것이었을까? 절대 불가능한 일이다. 그들은 이미 태국, 말레이시아를 비롯한 아시아 국가에 외환위기가 닥쳐오자 한국의 차관 가능성에 대비하여 미리 정보를 수집하고 분석해 온 것이다. 이렇게 철저히 준비하여 우리도 모르는 정보를 내세워 한국 대표단을 몰아세운 그들은 자신 있게 원하는 바를 얻어낼 수 있었다. 또한 IMF 측은 어떻게 해서든 최소한의 위험을 감수하며 빌려준 돈을 안전하게 받아내기 위한 여러 가지 목표들을 설정하고 한국 측에 제안하여 자신들이 원하는 대답을 얻어냈다.

한국은 무엇을 양보해야 하고 무엇을 양보해서는 안 되는지에 관한 준비가 사실상 되어 있지 않았다. 경험 많은 협상가라면 대개 협상 준비 단계에서 여러 가지 사안들을 다음과 같이 세 가지로 분류해놓는다.

첫째는 '절대 양보 불가 사안'이다. 이는 어떤 희생을 치르더라도 절대 양보할 수 없는, 이를 양보할 바에는 차라리 협상을 결렬시키는 편이 낫다고 생각하는 사안이다.

둘째는 '최선을 다해 지키도록 노력하되 상대방의 양보를 꼭 얻어내야만 할 경우 상대방의 양보와 교환할 수 있는 사안'이다.

셋째는 '상대방이 양보를 요구해올 때 적당히 주어도 좋을 사안'이다. 이 사안은 상대방과 협상을 진행하며 자유롭게 주고받을 수 있으며 상대방의 양보를 유도하기 위해 먼저 양보할 수도 있다.

한국 대표단은 준비 부족으로 인하여 협상을 시작하기 전에 이런 분류를 정하지 못했던 것 같다. 협상에서 합의된 내용과 협상 과정을 살펴보면 무엇이 양보 불가 사항이었는지 또 어떤 것을 상대방의 양보와 교환하려 했는지 하는 우선순위를 전혀 정하지 않았음을 확인할 수 있다. 협상 후 어차피 우리 측에서 먼저 자진하여 이행할 수밖에 없을 사안들을 가지고 양보 불가 혹은 양보하기 어려운 것으로 생각하고 이를 지키기 위해 협상 과정에서 많은 것을 희생시키고 말았다. 합의 후 몇 개월도 채 지나지 않아 외자 유치를 위해서 시장 문을 활짝 열어야 한다고 주장한 쪽은 오히려 이를 지키기 위하여 몇 개월 전 많은 것을 양보해준 우리의 협상 대표단이었다.

한편 한국 경제를 책임진 대표단의 협상 대상은 과연 IMF만이었을까? 협상 대표단이 가장 먼저 다루었어야 했던 문제는 우리 내부에 있는 다른 이해집단과의 협상이었다. 우리가 왜 협상 타이밍을 놓치고 끌려가다시피 협상을 마무리할 수밖에 없었을까? 바로 내부 협상에서 실패했기 때문이다.

한국 대표단이 IMF 협상단과 이야기하고 나오면 참석하지 않았던 다른 사람들이 이를 뒤집어놓는다. 이미 IMF 구제금융을 받기로 합의가 되었는데 새로이 경제팀을 맡게 된 사람은 "그런 합의는 있을 수 없다."라고 발언했다. 한국 대표단이 소신을 가지고 협상을 진행할 수 없었던 이유는 바로 여기에 있다. 마침 대선 기간과 시기가 겹쳐 대통령 후보들은 저마다 다른 이야기로 선거 공약을 내세웠다. 누가 대통령이 될지 모르는 상황에서 한국 대표단은 희생양이 되지 않기 위해 여기저기 눈치를 볼 수밖에 없었다.

하다못해 집을 팔거나 사는 협상을 할 때도 부부간에 먼저 합의가 되지 않으면 상대방과 효과적으로 협상을 진행할 수 없다. 그런데 다양한 이해집단이 모여 있는 국가라는 체제가 내부 협상을 통한 의견 조율 없이 협상 테이블에 앉았으니 힘을 가지지 못하고 상대방에게 끌려갈 수밖에 없었던 것이다.

차선책을 준비해두어라

대부분의 경우 차선책은 주어지는 것이 아니라 스스로 만들어내는 것이다.

K 씨는 미국의 잘 알려진 캐릭터 브랜드를 도입하여 아주 성공적으로 사업을 해왔다. 그는 열정과 참신한 아이디어를 가지고 연 매출 5억 원 미만의 회사를 5년이 채 안 되는 기간 동안 200억 원이 넘는 건실한 중견기업으로 키운 입지전적인 비즈니스맨이다.

K 씨가 처음 사업을 시작할 때만 해도 해당 캐릭터 브랜드가 한국 시장에 알려지기 전이라 아주 적은 금액의 로열티를 지불하는 라이선스 계약을 체결하고 열심히 캐릭터를 알리고 판매에 주력해왔다. 그 결과 5년의 라이선스 기간 동안 캐릭터가 한국 시장에 널리 알려지고 매출도 급신장했다. 이렇게 되자 미국의 업체는 라이선스 재계약을 체결하고 싶으면 로열티로 3년 동안 100억 원이

넘는 금액을 지불하라고 요구해왔다. 또한 기존 계약 만료 2개월 이전에 협상이 마무리 지어지지 않는다면 100억 원 이상을 지불하겠다는 다른 대기업과 라이선스 계약을 맺겠다고 통보해왔다.

이러한 통보를 받은 K 씨는 미국 회사의 일방적인 의사 표시에 끙끙 고민만 하다가 그만 화병으로 병원에 며칠 동안 입원을 하고 말았다. 자신이 캐릭터 브랜드를 소유한 미국 업체의 일원이라고 생각했던 그는 5년 동안 캐릭터 홍보를 사명으로 알고 밤낮으로 일해왔다. 그런데 지금까지 투자한 시간과 노력의 대가를 거둘 만하니 미국 회사에서 무리한 요구를 해온 것이다. K 씨는 심한 배신감에 병까지 얻고 만 것이다.

며칠 동안 병원에 있으면서 마음속의 배신감을 억누르고 어떻게 해서든 다시 재계약을 체결해야겠다고 다짐한 K 씨는 상담을 의뢰하기 위해 내게 찾아왔다. 어떻게든 협상을 대신해줘서 가장 낮은 가격으로 재계약을 체결하도록 도와달라는 것이었다. 회사 매출의 95퍼센트 이상을 해당 캐릭터 브랜드가 차지하고 있으므로 이 계약이 체결되지 않으면 회사가 문을 닫는 수밖에 없다면서 상황의 절박성을 누차 강조했다.

일에 대한 열정, 그리고 성실하게 살아가며 캐릭터를 알리기 위해 동분서주하던 모습을 알고 있던 나는 사업을 지키기 위하여 고민하는 K 씨에 대한 연민과 미국 회사에 대한 분노가 일었다. 그래서 재계약과는 별도로 손해배상청구와 같은 법적인 문제를 검토해보았다. 그러나 K 씨가 가져온 자료들을 보니 미국 회사가 국내 최고 법률회사의 자문을 받으며 준비한 계약서에 담긴 내용이 무슨 뜻인지 제대로 살펴보지도 않고 그저 도장만 찍은 것을 발견했다. 안타깝게도 빠져나갈 다른 방법은 전혀 없었다. 재계약에 목을 매고 있는 K 씨에게 후련한 해결책을 제시해줄 수 없었다. 또한 이미 미국 회사에 어느 대기업이 제시한 금액은 중소기업인 K 씨의 회사가 도저히 지불할 수 없는 높은 금액이었다. 경쟁해서 성공적으로 협상을 마무리할 수 있겠다는 확약도 해줄 수 없는 나의 모습에 좌절감이 엄습해왔다.

"사장님, 이건 정말 어려운 일입니다. 제가 재계약을 체결할 수 있도록 협상을 진행하는 것은 가능합니다. 그러나 이미 경쟁자가 나타나 100억 원이 넘는 금액을 제시한 상태에서 협상을 아무리 잘한다고 해도 기본적으로 상당히 높은 금액을 제시하지 않으면 안 될 것 같습니다. 사장님께선 최대 얼마까지 로열티를 지불하실 수 있겠습니까? 물론 회사에 이익을 남길 수 있는 범위 내에서 말입니다. 제 생각에는 재계약도 중요하지만 더 중요한 것은 계약의 결과로 회사에 이익이 남아야 한다는 것입니다."

"글쎄요. 제 생각으로는 지난 5년간의 성장률을 유지할 수 있다고 가정할 때 최대 70억 원 정도까지는 괜찮을 것 같습니다만."

"그렇습니까? 그렇다면 최대 지불 금액을 50억 원 밑으로 정하고 협상을 하시면 좋겠습니다. 회사가 작은 규모라면 1년에 100퍼센트씩 매출이 성장하는 것은 쉬운 일이겠지만 지금 K 사장님 회사 규모로 봤을 때 지난 5년간의 성장률을 기준으로 매출을 예상한다면 어려움에 처할 가능성이 매우 높습니다."

"알고 있습니다. 그러나 이 계약을 연장하지 못하면 우리 회사는 문을 닫을 수밖에 없어요. 우선은 재계약을 해보고 나중에 다른 일을 생각해야 될 것 같습니다. 지금으로선 차선책이 없어요."

"왜 차선책이 없다고 생각하십니까? 다른 캐릭터 브랜드를 찾을 수도 있을 텐데요."

"물론 이에 필적할 만한 캐릭터 브랜드가 있기는 한데 전혀 줄이 닿지 않고 있습니다. 아예 생각도 못하고 있어요."

"사장님, 그러면 현재 그 캐릭터 업체와 재협상을 진행하면서 차선책으로 다른 회사와도 협상을 병행하는 것은 어떨까요? 너무 걱정하지 마십시오. 둘 중 하나는 되지 않겠습니까?"

K 씨를 안심시킨 후 재계약 협상과 함께 새로운 회사와도 협상을 시작했다. 재계약 협상은 지난 5년간의 실적을 참작해서 80억 원 정도까지는 생각해보겠다는 답을 이끌어냈고 경쟁자가 없는 새로운 회사와는 아주 낮은 금액으로 계약을 체결할 수 있도록 모든 준비가 되었다.

"사장님, 아무래도 재계약은 80억 원 미만으로는 힘들 것 같습니다. 그리고 다른 캐릭터는 아주 낮은 금액으로 계약을 할 수 있을 것 같습니다. 어떻게 할까요?"

"재계약을 하지 않더라도 회사 문을 닫는 일은 없겠군요. 그럼 변호사님 말씀대로 50억 원 미만으로 합의가 되면 재계약을 하고 안 되면 새로운 회사와 계약을 체결하는 게 낫겠습니다."

그 뒤 몇 차례 협상을 하다 77억 원 밑으로는 절대로 금액을 낮출 수 없다는 상대방의 통보에 재계약을 포기하고 새로운 업체와 계약을 맺었다.

경쟁이 치열해지고 고도 성장이 어려운 경영 환경 속에서 높은 금액에 재계약을 체결했다면 K 씨의 회사도 벌써 부도회사 리스트에 올라 있지 않았을까 하는 아찔한 생각이 든다. 물론 보수를 받고 하는 일이기는 하지만 협상을 잘할 수 있도록 도움을 주는 일이 소송을 대행하는 변호사의 일이나 남의 잘잘못을 가려내는 회계 감사 업무 못지않게 아주 보람을 느낄 수 있었다.

K 씨가 77억 원을 요구하는 상대방과 재계약을 체결하지 않고 부도 회사 대열에 합류하지 않게 된 이유는 이렇듯 차선책이 준비되어 있었기 때문이다. 대부분의 경우 차선책은 주어지는 것이 아니라 스스로 만들어내는 것이다. 차선책이 있으면 협상을 진행함에 있어 냉정하게 판단하고 협상을 마무리 짓는 데 도움이 된다는 사실을 위의 경험을 통해 다시 한번 깨우칠 수 있었다.

협상에 활용하는 물귀신 작전

한국 정부는 먼저 프랑스가 북한과의 외교 관계를 수립하는 데 있어
아무 관계도 없는 프랑스 민간 기업의 입찰 참여 문제를 협상 의제로 더하였다.

1982년 프랑스 대통령 미테랑François Mitterrand은 북한과 외교 관계를 수립하려고 하였다. 당시 북한과 한창 냉전 중이던 한국 정부는 프랑스의 이런 시도에 대하여 '만약 프랑스가 북한과 외교 관계를 맺는다면 지금 한국 정부에 입찰서를 제출하고 있는 수십억 달러 규모의 원전 설비와 고속철도 협상에서 프랑스를 제외하겠다.'라고 통고하였다.

이 통고에 미테랑 대통령은 만약 북한과 외교 관계 수립을 묵인해준다면 당시 공산권에 속한 나라와 우리나라가 국교 관계를 수립할 수 있도록 도와주겠다고 제의하였다. 이 제안에 대하여 한국 정부는 위성 국가들이 아닌 종주국이라 할 수 있는 소련이나 중국

두 나라 중 한 나라와 수교를 하도록 다리를 놓아준다면 북한과의 외교 관계 수립을 묵인하겠다고 회신하였다. 이 문제를 최종적으로 타결하기 전 아마도 프랑스와 한국 외교관들 사이에 이런 줄다리기가 있었을 것이다.

프랑스 : 소련이나 중국은 현실적으로 도저히 불가능합니다. 미국이 북한과 수교 관계를 맺도록 세상의 어느 나라가 다리를 놓을 수 있겠습니까? 마찬가집니다. 공산권 국가 중 유고나 헝가리 같은 나라는 가능할 것 같습니다.

한국 : 말도 안 되는 이야깁니다. 원래 유고나 헝가리 같은 나라는 공산권이지만 친서방적인 나라로 분류할 수 있습니다. 우리도 스스로 해결할 수 있는 나라들입니다. 굳이 프랑스의 도움이 필요할 것 같지 않아요. 골수 공산주의라 할 수 있는 알바니아 정도라면 모르지만 말입니다.

프랑스 : 알바니아 역시 도저히 안 될 것 같습니다. 북한과 관계를 고려해볼 때 시도할 가치도 없습니다. 폴란드는 어떻습니까?

한국 : 만약 폴란드 한 나라만 설득한다면 우리가 할 수 있는 것은 당신 나라에서 우리 정부에 제출한 입찰 건 중 경부고속철도 하나만 용인할 수 있습니다. 만약 체코 등의 다른 나라들을 더 설득할 수 있다면 다른 공사에도 참여할 수 있도록 고려하겠습니다.

이 외교 협상에서 우리는 중요한 협상 기술 하나를 배울 수 있다. 맨 처음 한국과 프랑스의 외교 협상 테이블에 올라온 협의 사항은 '프랑스가 북한과 외교 관계를 수립하느냐, 아니면 이를 저지하느냐?'라는 한 가지뿐이었다. 만약 두 나라가 외교 관계 수립을 양해한다, 못한다를 가지고 협상을 진행했다면 결과는 두 나라 중 하나의 패배로밖에 끝날 수 없었을 것이다. 그 결과는 두 나라 간의 외교 관계에 커다란 손실을 가져왔을 것이다. 협상에서 이겼다 해도 결국은 얻는 것이 없는 둘 다 지는 협상으로 끝이 났을 것이다.

그러나 이 외교 협상을 쌍방이 만족할 수 있는 선에서 끝낼 수 있게 한 핵심은 '협상 의제를 복수화'하는 기술의 발휘에 있었다. 한국 정부는 먼저 북한과 외교 관계를 수립하는 데 아무 관계도 없는 프랑스 민간 기업의 입찰 참여 문제를 협상 의제로 더하였다. 여기에 프랑스는 북한 이외의 다른 공산 국가들과의 외교 관계를 도울 수도 있다는 의제를 더하고 이 의제는 어느 나라에 영향력을 행사해서 한국과의 국교 수립에 도움을 줄 수 있는가 하는 의제로 발전되었다. 이렇게 의제가 많아지면서 처음에는 전혀 해결의 기미가 보이지 않던 '한국 정부가 프랑스의 북한과의 외교 관계 수립을 양해해야 하는가?' 하는 협상 의제가 쉽게 타결될 수 있었다.

1950년대 후반 미국의 한 고등학교에 교장이 임명되었다. 그는 교사 경력도 없고, 교육학을 전공한 것도 아니었는데 순전히 정치적 입김에 의하여 교장으로 임명된 사람이었다. 당연히 임명된 후 학교의 생리를 이해하지 못한 행정이 이루어졌고, 이로 인해 모든 교사들과 학생들에게 원성을 사고 있었다. 이에 몇몇 주도적인 학생들이 문제가 되고 있는 사안들을 해결하기 위해 교장을 상대로 여러 번 데모를 시도하려 했으나 다른 학생들은 참여를 주저하고 있었다. 이 무렵 교장은 자신의 의견에 반대하는 학생들 사이에서 인기가 좋은 교감에게 정직 처분을 내렸다. 데모를 선동할 소재를 찾던 학생들은 이 사건을 이용하기로 하였다. 학생들은 '교감 선생님이 복직할 때까지 우리는 수업에 참여할 수 없다.'라는 플래카드를 들고 데모를 시작하였다.

교장을 비롯한 교육청에서는 학생들의 데모에 대하여 매우 강경한 입장을 표명했다.

"데모는 위법 행위이며, 교장의 권한으로 교감에게 정직 처분을 내린 것은 잘못된 일이 아니다. 또 이와 같은 행정적인 문제는 학생들이 관여할 일이 아니다. 데모 때문에 빼먹은 수업은 방학 중에 보충수업을 실시할 수밖에 없고, 지금 바로 교실로 들어가는 학생들은 처벌하지 않을 것이지만 계속 데모에 참여하는 학생들에게는 유급 처분을 내릴 것이다."

이 데모가 신문에 보도되기 시작하자 학생들의 교장에 대한 불만을 들은 몇몇 학부모들도 학생들에게 동조하여 교장의 퇴진과 학교 및 교장에 대한 불만을 해소하도록 요구하였다. 교장에 대한 반감이 예상외로 심각함을 알게 된 교육감은 정직 중인 교감에게 학생들이 원하는 것을 가능하면 받아들이겠으니 바로 교실로 복귀하도록 설득해달라고 부탁하였다. 그리고 공청회를 개최하여 학생들의 불평을 들은 후 학부모 대표와 교육청이 타협안을 내놓았다.

"먼저 교실로 돌아가십시오. 여러분이 원하는 것들은 정당한 절차를 밟아 공평하게 처리되도록 하겠습니다. 그리고 지금 바로 교실로 들어가는 학생들은 불이익을 받지 않도록 조치하겠습니다."

이 제안을 들은 학생들은 종전의 구호를 반복하여 외쳤다.

"우리는 교감 선생님이 복직할 때까지 교실에 들어가지 않을 겁니다."

이때 학생들은 교감의 복직이라는 표면적인 이유 때문에 자신들이 무엇을 위해 데모를 하고 있는지 목적을 잃어버린 것처럼 보였다. 계속되는 학생들의 복직 요구에 교육청과 교장은 '행정적인 문제이고 학생들이 절대로 간섭할 수 없는 고유 권한'이라는 주장을 좀처럼 굽히지 않았다.

쌍방 간의 갈등으로 대치 상태가 장기간 계속되자 학부모 대표가 중재에 나섰다. 학생들이 교실로 돌아간다면 학교는 교감의 즉시 복직을 제외한 학생들의 요구를 상당수 수용하겠다는 약속을 받아냈다. 하지만 학생들의 반응은 역시 변함이 없었다.

"우리는 교감 선생님이 복직할 때까지 교실에 들어가지 않을 겁니다."

학생들이 데모를 계속하자 교육청은 교장에게 이런 발표를 하도록 하였다.

"제가 원래 계획하고 있던 교감의 정직 기간 10일이 지났으므로 오늘부로 복직을 명합니다. 따라서 학생들은 곧바로 교실로 돌아가기 바랍니다. 그렇지 않을 경우 학칙에 의거하여 모든 업무를 처리할 것입니다."

결국 학생들은 진정으로 자신이 원하던 것을 하나도 얻지 못하고 닭 쫓던 개가 되고 말았다.

협상 실패의 대표적인 예이다. 이와 유사한 협상을 노동자와 사용자 간의 대치에서, 혹은 학생들과 학교 측의 대치에서 많이 보게 된다. 협상을 진행하며 진정으로 얻어내고자 하는 것이 무엇인지 잊어버리고 오직 눈에 보이는 하나의 사안만 가지고 매달리고는 한다. 협상 의제가 눈에 보이는 것 하나밖에 없다고 생각하지 말고 의제를 넓혀가는 것이 기술이다. 의제를 넓히는 것은 그렇게 어려운 일이 아니다. 상대방이 진정으로 원하는 것이 무엇인가를 생각할 줄 아는 폭넓은 시야를 가지면 된다.

많이 알수록 이익이 커진다

정보는 협상과 관계된 다양한 사실들일 뿐이고,
지식은 그 협상을 이끌어가는 데 기본이 되는 자료이다.

HK 주식회사는 전자부품을 생산하는 중견 상장기업이다. 그런데 인건비가 지난 몇 년간 기하급수적으로 상승한 탓에 일본과 미국에서 수입한 비싼 공작 기계를 사용해서는 채산성을 맞추기 점점 힘들어졌다.

채산성 악화를 해결하기 위한 전략회의에서 HK 최고경영진은 공작 기계를 자체 개발해서 회사 내에서도 사용하고 다른 업체에도 팔자는 데 의견을 모았다. 이 결정에 따라 HK 사는 수년간 거액의 연구 개발비를 투자하였으나 짧은 시간 내에 미국이나 일본의 기술을 따라잡는 것은 불가능하다는 결론에 도달하였다. 지금까지 투자한 공작 기계 개발부서를 폐쇄할 것인지 아니면 더 투자할 것인 지 결정해야 하는 시점이 온 것이다. 이때 HK 사와 기술 용역 계약을 맺고 한국을 방문한 재미교포 L 씨로부터 다음과 같은 제안을 받았다.

지금 자기가 사는 시카고에 HK 사가 개발하려고 하는 기술을 보유한 T 사의 사장 마틴 씨가 회사를 매각하려고 내놓았는데 원하면 매입 협상을 도와주고, 자신은 매입한 회사의 책임자로 일할 의향이 있다는 것이었다.

HK 사는 매물로 나온 T 사의 규모와 매입 가격, 기술 수준 등을 검토한 후 L 씨에게 매입 협상을 추진하도록 하였다. L 씨는 매입이 성사되면 자신이 현지 사장으로 책임을 지고 일을 맡게 될 회사라는 생각에 최선을 다하여 협상을 진행하였다. 협상 경험이 많지는 않지만 L 씨는 그 분야 기술자로서의 자신의 장점과 전부터 알고 있던 마틴 씨와의 인간관계를 이용하여 대단히 좋은 가격인 100만 달러로 가격 협상을 마무리 지었다. 협상을 마무리 지은 HK 사와 L 씨는 시카고에 있는 법률회사를 통해 나에게 협상한 내용을 중심으로 계약서 작성을 의뢰해왔다.

계약서 작성을 준비하면서 L 씨에게 몇 가지 질문을 하였다.

"100만 달러에 대한 지불 방법은 어떻게 하기로 했습니까?"

"공장을 인수하는 날 전액 현금으로 지불하기로 했는데요."

"혹시 마틴 씨가 회사를 팔려고 내놓은 이유를 알고 계십니까?"

"물론이죠. 마틴 씨의 회사와 10년 넘게 거래를 해왔거든요. 작년에 뇌종양 수술을 받은 후 의욕이 많이 떨어진 것 같아요. 마땅히 회사를 맡아서 할 사람도 없어서 은퇴를 선언한 겁니다. 벌써 몇 달 전부터 주말에는 아예 공장에 나가보지도 않고 시골 농장에 가서 조용히 전원생활을 하고 있다더군요."

"그래요? 그럼 마틴 씨에게 현금 100만 달러가 바로 필요한 것 같던가요?"

"글쎄요. 소문에 의하면 사업을 하면서 꽤 많은 돈을 모았다고는 하던데…… 하긴 뭐 이제는 특별히 돈 쓸데도 없는 사람이죠."

필요한 정보를 들은 후 HK 사의 요청대로 계약서를 작성하다가 문득 이런 생각을 하게 되었다.

'이 거래는 협상을 다시 할 수만 있다면 쌍방에게 더 이익이 되는 방법을 찾을 수 있을 것 같다. 마틴 씨는 지금 당장 현금이 한꺼번에 필요한 사람도 아니고 또 지불 시기를 변경하면 오히려 세금을 상당액 절약할 수 있게 된다. 그러면 절세하는 액수의 절반만 서로가 나누어 가진다 해도 쌍방에게 돌아가는 금액은 더 커질 것 아닌가. HK 사 측에 재협상을 통해서 깎는 금액의 30퍼센트만 성공 보수로 요청하면 나도 상당한 수입을 올려 좋을 것 같고. 이거야말로 전형적인 윈윈Win-Win 협상이지.'

미국 세법에 따르면 자산을 매각할 때 대금을 한 번에 지급받으면 그해에 들어온 모든 이익이 세금을 계산하는 데 포함되어 높은 세율이 적용되지만 몇 해에 나눠서 받는다면 받는 해마다 이익으로 계산되기 때문에 낮은 세율을 적용받게 된다(우리나라도 소득 금액에 따라 누진세율이 적용되어 고액 소득자는 그만큼 많은 세금을 내야 한다).

HK 사로부터 재협상을 시도하자는 좋은 반응을 얻은 후 마틴 씨가 고용한 변호사에게 다음과 같이 전화를 걸었다.

"거래 형태를 일부 조정하게 되면 마틴 씨가 세금을 절약할 수 있는 방법이 나옵니다. 그렇게 되면 절세 금액을 마틴 씨와 HK 사가 똑같이 반으로 나누는 것이 좋을 것 같은데 어떻게 생각하십니까? 세법에 관한 연구 결과와 절세 방법에 관해서는 지금 곧 작성해서 팩스로 보내드리겠습니다."

"아, 그런 방법이 있습니까? 일단 팩스를 받은 후 마틴 씨의 공인회계사와 의논해서 연락드리겠습니다."

이미 협상이 다 끝났다고 생각하고 계약서 작성만을 남겨두었던 HK 사는 생각지도 않았던 재협상으로 매입 가격의 10퍼센트에 가까운 금액을 절감할 수 있게 되었다며 너무나 기뻐하였다. 물론 나도 그중 일부를 추가 수수료로 받아서 좋았다.

프랜시스 베이컨Francis Bacon은 "아는 것이 힘이다."라고 말했다. 각 분야에 대한 전문적 지식이 많으면 많을수록 협상을 잘 이끌어 갈 수 있고 더불어 우리의 상황은 더 나아지게 될 것이다. 변호사가 되기 전 공인회계사로 일하면서 습득했던 미국 세법에 관한 지식이 없었다면 HK 사를 위해 그저 요청받은 대로 계약서만 작성해주었을 것이다. 그러나 알고 있는 지식이 힘이 되어 상대방을 재협상 테이블로 끌어들일 수 있었고 모두에게 이익이 되는 결과를 이끌어낼 수 있었다.

지식은 정보와는 조금 다르다. 정보는 협상과 관계된 다양한 사실들일 뿐이고 지식은 그 협상을 이끌어가는 데 기본이 되는 자료이다. 협상팀을 구성하는 데 각 분야별 전문가를 반드시 포함시키는 이유도 바로 이러한 지식 때문이다. 협상은 공부의 과정이다. 협상에서 문제가 되는 요인들을 연구하고 생각하는 데 투자하는 시간은 다시 몇 배의 이득으로 돌아올 것이다.

권위에 도전하고 협상하라

협상을 성공적으로 하기 위해서는
눈에 보이는 모든 권위에 도전할 줄 아는 용기가 필요하다.

맞벌이 부부인 나와 아내는 함께할 시간이 그리 많지 않다. 물론 나도 바쁘지만 한 분야의 전문가로서 자신의 영역을 키워나가는 아내 역시 마찬가지로 바쁘다. 여성의 권익을 옹호하는 페미니스트라고 생각해본 적은 없지만 그래도 우리 부부 사이에는 서로의 바쁜 일 때문에 커다란 문제가 생긴 적은 없었던 것 같다. 협상법을 공부한 덕에 아내와 원원으로 인간관계를 만들어나갈 수 있었다고 생각하면 지나친 자화자찬일까?

얼마 전 모처럼 시간을 내어 우리 두 사람과 운동복을 사달라고 졸라대던 아이들을 위해 옷을 사러 남대문시장 근처의 한 백화점을 찾았다. 이미 아내에게 미적 감각이 둔한 사람으로 찍힌 탓인지 물건을 고를 때마다 내 의견은 조금도 반영되지 않았고 그저 묵묵히 짐꾼으로 따라다니면서 아내가 쇼핑하는 것을 지켜볼 수밖에 없었다. 매장 영업사원이 권해주는 물건을 여기저기 훑어보던 아내는 디자인이 어떻고 유행이 어떻다는 이야기를 나누더니 슬쩍 가격표를 보고는 별로 맘에 안 든다며 그냥 나가자고 했다. 계속해서 같은 방법으로 이 매장 저 매장을 전전하던 아내는 "경기가 나빠졌는데도 가격은 여전히 비싸네!"라고 투덜대더니 결국 물건을 하나도 사지 못했다. 아내는 모처럼 쇼핑하려고 나왔는데 허탕만 치고 갈 수는 없다며 근처 남대문시장에 들르자고 했다. 우리는 다시 남대문시장으로 향했다. 복잡한 골목 사이로 산더미처럼 물건들을 재어 놓은 상점들이 즐비하게 늘어서 있는 시장에 들어서자 아내는 갑자기 신바람이 나기 시작했다. 옆에 있는 소위 협상 전문가의 얼굴이 붉어질 정도로 사정없이 가격을 깎는가 하면 터무니없는 덤을 요구하기도 하였다. 그런데도 가게 주인은 별로 기분 나빠하지도 않고 으레 그러려니 하고는 아내의 흥정에 응해주고 있었다.

왜 아내는 백화점 물건값에 대해서는 가격을 깎을 시도도 하지 않더니 남대문시장에 가서는 그렇게 인정사정없이 흥정을 했을까? 사실상 백화점 물건값은 품질에 비하여 훨씬 더 많은 마진을 붙이고 있는 것이 틀림없다. 그렇지 않다면 일 년에 몇 차례씩 몇 십 퍼센트나 세일하는 행사를 할 수는 없을 것이다. 반면에 시장에서 파는 물건은 결코 백화점 물건에 비해 품질이 크게 떨어지지도 않고, 비교적 저렴한 편이었는데도 아내는 주저 없이 가격을 더 깎아달라고 요청하였다.

백화점 영업사원이 남대문시장의 상점 주인에 비해 가격을 깎아달라는 말도 꺼내지 못하게 만들 만큼 월등한 가격 협상력을 가질 수 있었던 이유는 무엇이었을까? 품질이 가격에 비해 매우 뛰어나거나 아니면 영업사원의 장사 수완이 특출났던 것은 아닌 것 같다. 다만 한 가지 다른 것은 고급스럽게 꾸며진 백화점이라는 장소에서 물건을 팔고 있었다는 점과 시장이라는 장소에서 흥정이 이루어졌다는 점이었다. 백화점이라는 곳은 으레 정찰제로 물건을 판다는 관습이 아내에게 '백화점에서는 가격 협상을 하지 못한다.'라는 선입관을 심어주었던 것은 아닐까? 그래서 아내는 값을 깎으려는 시도도 해보지 않았다. 반면에 남대문시장에서 물건을 살 때는 으레 물건값을 깎는다는 것을 경험과 소문을 들어 알고 있었기 때문에 주저 없이 가격 협상을 시도했고 또 성공했다.

같은 남대문시장 안에서 가격 흥정을 할 때도 차이가 있다. 어느 상점에서는 흰 도화지 위에 커다란 매직펜 글씨로 옷 한 벌에 '10만 원' 하고 써 붙여 놓았고, 똑같은 옷을 다른 상점에서는 '소비자가격 ₩100,000'이라고 인쇄된 가격표를 백화점처럼 부착해 놓았다. 구매자인 당신 입장에서 볼 때 어느 상점에서 가격을 깎기가 더 수월하겠는가? 대부분 매직펜으로 쓴 가격표를 붙이고 판매하는 상점에서 흥정하는 편이 수월하다고 생각할 것이다. 논리적으로 설명하기는 어렵지만, 보통 사람들은 감정적으로 그렇게 느낀다. 한 걸음 더 나아가 가격표를 전혀 붙여 놓지 않은 상점과 매직펜으로 가격을 붙여 놓은 상점을 비교해보자. 가격표가 붙어 있지 않은 상점에 들어가서 가격을 알아보니 '10만 원'이라고 한다. 그렇다면 이 상점에서 가격을 깎는 것이 쉽다고 생각할까, 아니면 매직펜으로 가격표를 써서 붙여둔 곳에서 가격 흥정을 하는 것이 쉽다고 생각할까? 당연히 말로 가격을 제시한 상점에서 흥정하는 것이 쉽다고 생각할 것이다.

똑같은 물건을 같은 장소에서 판매한다고 해도 가격표를 붙이는 것과 가격을 구두로 제시하는 것의 차이점은 구매자인 당신에게 얼마만큼의 협상력을 갖게 하는지를 결정 짓는다. 법으로 정한 것도 아닌데 왜 그럴까? 다만 당신이 그렇게 생각하기 때문이고 당신이 생각하는 대로 당신의 힘이 결정되기 때문이다. 협상에서 우위를 점할 수 있는 힘의 강약은 당신이 상대방에 대하여 어떻게 생각하고 있는지에 따라 달라진다.

협상에서는 이러한 현상을 '합법성 우위 원칙'으로 설명한다. 수많은 규범 속에서 살아가야 하는 사람들은 어렸을 때부터 법을 지키는 것이 필요하다고 교육받아 왔다. 이 교육이 얼마나 효과적이었는지 법은 물론이고 사회적인 관습이나 일반적인 행동 패턴도 다른 사람이 다 그렇게 하기 때문에 이유를 묻지 않고 따라가는 것이라고 생각하게 만들었다. 모든 사람들은 법이라면 이유를 묻지 않고 고개를 숙인다. 대부분의 사람들은 사회적인 통념과 관습에 의문을 제기하지 않는다. 이러한 사람들의 심리를 이용한 협상 전략이 바로 합법성 우위 원칙이다.

우리는 은연중에 이렇게 훈련받아 왔다. 말보다는 글로 쓴 것이, 같은 글이라도 손으로 쓴 것보다는 인쇄된 것이, 그냥 인쇄된 것보다는 공공 매체의 형태인 책자나 브로슈어의 형태로 꾸며진 것이 더 권위가 있다고 말이다. 예를 들어 아파트를 팔려는 당신이 사려는 사람에게 당신이 받으려고 요구하는 금액이 주변 시세보다 1,000만 원이나 더 싸다고 장황하게 말로 설명하기보다는 차라리 신문에 게재된 주변 아파트 시세를 보여주는 것이 훨씬 효과적일 수 있다. 그러면 신문 기사는 누가 쓰는가? 기자가 쓴다. 그러면 기자는 어디서 정보를 입수하는가? 가격표는 누가 만들고 또 브로슈어는 누가 만드는가? 결국은 똑같은 정보를 가지고 다른 형태로 다른 사람이 표현한 것에 불과하다. 그럼에도 불구하고 똑같은 정보를 누가 어떤 모습으로 포장했는지에 따라 받아들이는 사람의 태도는 확연하게 달라진다.

협상이 어느 장소에서 일어나는지에 따라 협상력이 변화하는 것을 우리는 주위에서 얼마든지 찾아볼 수 있다. 남대문시장보다는 백화점이, 같은 백화점 내 매장이라도 자주 세일을 하는 매장보다는 일 년 내내 세일을 하지 않는 매장이 더 권위가 있다. 똑같은 물건이라도 한국에 있는 상점과 홍콩에 있는 상점, 미국에 있는 상점에서 거래될 때 서로 다른 형태로 거래될 것이다. 만약 우리는 미국의 상점에서 물건을 사기 전에 주위에 있는 사람으로부터 혹은 책자를 통해서 '미국은 정찰제로 물건을 팔고 있는 나라'라는 사실을 접하게 되면 아예 값을 깎을 생각도 하지 않게 된다. 반면에 한국을 방문하는 미국인들은 남대문시장이나 이태원에서 물건을 살 때 반드시 가격을 흥정해야 손해를 안 본다는 관광안내 책자를 읽었기 때문에 한국에서 물건을 살 때는 장소를 가리지 않고 으레 가격을 흥정하려 든다.

그러나 이렇게 만들어진 권위는 절대적인가? 절대로 그렇지 않다. 협상을 연구하기 시작한 후 합법성의 원칙에 대한 도전을 계속하고 있다. 결론은 앞서 밝힌 것처럼 백화점의 정찰제에서도 물건값을 깎을 수 있다. 이는 한국뿐만 아니라 미국에서도 가능했다. 우리는 권위에 순응하는 것만 배웠을 뿐 도전하는 것을 배우지 못했다. 그러나 협상을 성공적으로 하기 위해서는 눈에 보이는 모든 권위에 도전할 줄 아는 용기가 필요하다. 그리고 이 용기는 대부분 당신에게 보상을 가져다줄 것이다.

과거에 집착하여 미래를 망치지 마라

사람들은 자신의 돈과 시간과 노력이 투자된 것에 대해서는 쉽게 포기하지 못한다.
그래서 종종 과거의 투자에 지나치게 집착한 나머지
협상에서 열세에 놓이게 되는 경우가 있다.

회계학을 공부하다 알게 된, 지금은 세계적으로 유명한 회계법인에 근무하는 한 미국인 친구가 어느 날 사무실에 찾아왔다. 이런저런 이야기를 하다가 며칠 전 한국에서 수입한 H 자동차를 샀다는 말에 학교 다닐 때 끌고 다니던 기름을 무척이나 많이 먹게 생긴 그 친구의 고물차가 생각나 물었다.

"그럼 예전에 끌고 다니던 차는 어떻게 했어?"

"졸업하고 얼마간 더 타다가 팔아 치웠지. 그런데 중고차 한 대 파는 것이 그렇게 힘든 줄은 몰랐어."

이 친구는 중고 자동차를 팔기로 마음먹고 집에서 몇 블록 떨어진 교통량이 많은 곳에 자동차를 세워 놓은 뒤 자동차 앞 유리에

커다랗게 '자동차 팝니다. 가격 1,000달러. 연락처는 전화 xxx-
xxxx' 하고 써 붙여 놓았다.

워낙 오래된 차라 그랬는지 며칠을 기다려도 전화 한 통 없더니
토요일 오후 낮잠을 즐기고 있는데 전화벨이 울렸다.

"자동차를 보고 전화했습니다. 시운전을 한번 해볼 수 있을까
요?"

단잠에서 깨어나 투덜거리며 전화를 건 사람을 만나러 나갔다.
멕시코에서 갓 이민 온 듯한 젊은 남자였다. 열쇠를 받아든 젊은
이는 친구를 기다리게 하고 시운전을 하고 돌아왔다. '이제 드디
어 골칫덩어리 차를 팔게 되는구나.' 생각하며 협상을 시작하기
위하여 기다리는 내 친구에게 이런 말을 남기고 가버렸다고 했다.

"차는 괜찮은 것 같은데 아무래도 아내가 다시 운전을 해본 다
음 결정해야 할 것 같습니다. 그 사람도 이 차를 사용해야 하거든
요. 내일 오후에 다시 연락 드리겠습니다."

일요일인 다음 날 전화를 기다리느라 다른 볼 일도 보지 못하고
하루 종일 집안에서 서성거렸다. 오후 늦게 전화를 건 그 멕시코
인은 부인과 함께 시운전을 해본 후 고맙다는 인사만을 남기고 돌
아갔다.

"조금만 더 생각할 여유를 주십시오. 다시 연락 드리겠습니다."

집으로 돌아오는 친구의 머릿속은 불쾌한 기분으로 가득 찼다.
'토요일, 일요일 황금 같은 주말을 망쳐 놓았으면 사든지 말든지

뭐라고 똑 부러지게 얘기라도 하고 가야 될 것 아냐.'

일주일이 지난 토요일 오후 다시 전화벨이 울렸다. 바로 지난번에 싱겁게 돌아간 그 멕시코 이민자였다.

"죄송하지만 차 좀 다시 볼 수 있을까요?"

못마땅했지만 차를 사겠다는 다른 사람이 있는 것도 아니어서 열쇠를 가지고 나갔더니 이번에는 자기 동생을 데리고 온 것이었다. '아니 온 집안 식구들을 하나씩 다 데리고 와서 시운전을 시킬 생각인가? 그래도 오늘까지 이렇게 세 번씩이나 찾아온 것을 보니 오늘은 사겠다고 하겠지.'라고 그 멕시코 이민자가 시운전을 하는 동안 생각했다. 그런데 동생과 시운전을 하고 돌아온 그는 다시 인사만 남기고 돌아섰다.

"감사합니다. 오늘 집에 가서 조금 더 생각하고 곧 연락드리겠습니다."

기대가 무참하게 깨진 친구는 돌아가는 그 젊은 멕시코 이민자에게 귀가 솔깃해지는 제안을 해 발걸음을 돌려세웠다.

"그러지 말고 내가 100달러 깎아줄 테니까 오늘 아주 결정을 합시다."

더 이상 1,000달러짜리 차를 팔자고 이렇게 귀찮은 일을 당하고 싶지 않다는 생각에 값을 내려서라도 결정을 짓고 싶었던 것이다. 이렇게 가격을 내리자 그 젊은 멕시코 이민자는 기다렸다는 듯이 말했다.

"저 사실 수중에 600달러밖에 없거든요. 내일까지 기다려주시면 다른 친구에게 돈을 빌릴 수 있을지도 몰라요. 이민 온 지 얼마 되지 않았기 때문에 돈 마련하기가 좀 어려워서요."

"그러면 오늘 자동차 등록증을 넘겨줄 테니 600달러만 내고 자동차를 끌고 가세요."

친구는 돈을 받고 돌아오면서 '에이! 600달러에라도 팔기를 잘했지. 이렇게 차 한 대 팔기가 귀찮아서야.' 하는 속시원하다는 생각이 들었다고 한다.

그 젊은 멕시코인 이민자는 협상을 어떻게 유리하게 이끌어가는지를 몸으로 체험하고 있었던 것 같다. 상대방으로 하여금 협상 과정에 될 수 있는 대로 많은 돈과 시간, 노력을 투자하도록 하면 결국 상대방은 내가 의도하는 대로 따라오게 되어 있다는 사실을 너무 잘 알고 있었기 때문이다. '마음대로 헤엄쳐 다닐 수 있는 물고기도 일단 낚싯바늘에 꿰이면 별 수 없는 법!' 이런 생각을 하며 계획적으로 내 친구가 시간과 노력을 투자하도록 유도한 것이 아니었는지 모를 일이다.

투자한 정도와 양보를 하더라도 협상을 타결하려는 의지 사이에는 직접적인 비례 관계가 성립한다. 사람들은 자신의 돈과 시간과 노력이 투자된 것에 대해서는 쉽게 포기하지 못한다. 그래서 종종 과거의 투자에 지나치게 집착한 나머지 협상에서 열세에 놓이게 되는 경우가 있다. 이미 상당한 투자를 했기 때문에 협상이 결렬되면 지금까지 투자한 모든 것을 잃게 된다는 생각 때문이다. 협상에서 힘을 가지는 사람은 바로 이 투자의 심리를 잘 이용할 줄 아는 사람이다. 만약 다루기 어려운 문제를 예상한다면 협상이 한참 진행되어 막바지에 이르렀을 때쯤 다루는 것이 좋다. 상대방을 협상에 깊이 개입하게 만든 다음 여러 가지 요구를 하면 심리적으로 상대방은 그때까지 투자한 시간과 노력 때문에 쉽게 거절할 수 없게 된다. 거절하면 혹시 협상이 깨지지나 않을까 두려워하기 때문이다.

국제간 협상의 경우 투자의 힘을 잘 활용하는 사람은 협상할 때마다 자신이 상대방 나라로 출장을 가기보다는 되도록 상대방이 자신에게 오도록 유도한다. 시간과 돈을 들여 상대방의 나라에 방문한 사람들은 자신이 투자한 것을 생각해서라도 무언가 가시적인 결과를 얻어 가려는 동기가 더 강해진다. 그런데 세상에는 주는 것 없이 얻을 수 있는 협상은 없다. 무엇인가 가시적인 성과를 짧은 기간 동안 얻어서 돌아가기 위해서는 다른 상황에서라면 양보해주지 않을 중요한 것을 양보할 수밖에 없다. 특히 회사와 같은 조직에 속한 사람들은 상당액의 회사 비용을 사용했기 때문에 그 책임을 면하기 위해서 다소 자신에게 불리한 감이 있더라도 계속해서 협상을 진행하려 든다. 많은 예산과 시간을 사용하고 가시적인 성과 없이 빈손으로 돌아갔을 때 자신을 쳐다보는 윗사람과 동료들의 시선이 얼마나 따가울지 직장 생활을 해본 사람이라면 누구나 상상할 수 있으리라.

나는 중요한 국제 협상을 앞두고 회사를 대표해 구성된 협상팀을 이끌고 해외로 나갈 일이 많았다. 그런데 한 팀도 예외 없이 무엇이든 가시적인 결과를 만들어 손에 들고 가야 한다는 스트레스에 시달리고는 했다. 반면에 한국으로 상대방을 초청해서 협상을 진행하는 경우에는 훨씬 여유를 가지고 진행하는 모습을 볼 수 있었다.

상대방으로 하여금 될 수 있는 한 많은 것을 투자하도록 하고, 자신은 이미 투자한 것 때문에 앞으로의 결정을 내리는 데 영향을 받는 어리석음은 범하지 말아야 한다. 경영학을 공부하며 배운 것 중에 항상 잊어버리지 않고 중요한 결정을 내려야 할 때마다 되뇌는 말이 있다. '매몰 비용sunk cost(이미 투자된 비용)은 앞날의 결정을 내리는 데 고려 대상이 돼서는 안 된다.'라는 말이다.

진실을 말하되 전부 다 말하지는 말 것

협상 테이블은 법정의 증인석과는 다르다. 내가 가지고 있는 모든 것을
처음부터 끝까지 상대방에게 알려줄 필요도 없고 알려줘서도 안 된다.

미국 법정에서는 증인 심문에 앞서 증인에게 반드시 요구하는
선서 내용 중에 이런 구절을 포함시켜 놓고 있다.

"진실을 말하되, 오직 진실만을 그리고 전체 진실을 말할 것이다."

처음 법을 공부하면서 이 구절을 접했을 땐 대수롭지 않게 생각
했다. '진실을 말한다고 하면 될 일이지 뒤에다 또 '오직 진실'과
'전체 진실'이라는 구절을 구태여 붙일 필요가 있을까? 하여튼 법
률가들이란 그저 말 만들기를 좋아해서 간단하게 해도 좋을 문장
을 괜히 어렵게 하는 습성이 있어.'

그러나 곧 '오직 진실'과 '전체 진실'이라는 말이 증인을 심문하
는 데 있어 얼마나 중요한지를 알게 되었는데, 그것은 협상을 진

행하면서도 유용하게 적용할 수 있는 힌트를 제시하였다. 다만 법정에서의 증인 심문과 다른 점은 협상 테이블에서는 결코 전체 진실을 모두 다 이야기할 필요가 없다는 것이다.

가구 전문 업체인 K 사는 '구매 예상 금액이 5,000만 원을 넘으면 반드시 공개 입찰을 한다.'라는 규정이 있다. 이 규정에 따라 연간 계약으로 600톤의 PVC를 구매하기 위하여 A, B, C 세 회사에 입찰 참가 요청 공문을 보냈다. 세 회사가 기간 내에 보내온 입찰서 내용을 검토한 K 사 구매부서는 PVC 사용자인 생산부서와 의논한 끝에 의견서를 작성한 후 A 사와 협상을 시작하였다. K 사의 내부 방침은 특별한 일이 없는 한 품질과 생산 납기를 제때 맞출 수 있는 A 사로 구매선을 확정한다는 것이었다. 다만 구매부서가 협상에서 할 일은 최대한 저렴한 가격으로 물건 구매 계약을 체결하는 것이었다. 구매부서에서 작성한 의견서에는 다음과 같은 내용이 포함되어 있었다.

A 사 : 톤당 가격 170만 원. 품질 좋고, 색 변색도 없음. 납기를 맞추는 데에도 이상 없고, 회사의 규모나 재정 상태도 상당히 안정적임. 생산부서는 A 사와의 거래를 강력히 희망하고 있음.

B 사 : 톤당 가격 150만 원. 품질은 보통. 색 변색 가능성은 많지 않아 보임. 그러나 회사의 재정 상태가 극히 불안하여 납품 도중 부도가 날 가능성이 매우 높음.

C 사 : 톤당 가격 145만 원. 품질에 있어서 심각한 문제가 예상됨. K 사의 가구 품질로 봐서 적절하지 않음. 재정 상태도 그다지 건실한 편이 아님.

K 사 구매부 담당자와 A 사 판매사원은 이렇게 가격 협상을 진행한다.

"저희 회사까지 오시느라 수고 많으셨습니다. 오늘 구매 회사 선정과 가격 절충이 끝나면 바로 구매 계약서 초안을 작성해서 내일쯤 결제를 올릴 예정입니다. 단도직입적으로 물어봐도 될까요? 톤당 가격을 얼마나 인하해주실 수 있습니까? 가격만 맞춰주신다면 작년에 이어 금년에도 계속 거래를 하고 싶습니다. 참고로 최종 가격을 제시하기 전에 다른 경쟁사에서 제출한 입찰가를 보여드리겠습니다. 오랫동안 우리 회사와 거래를 해오셨기 때문에 특별히 기회를 드리고 싶군요. 그런데 여기 입찰서를 보시면 B 사는 톤당 150만 원, C 사는 톤당 145만 원으로 A 사의 가격이 좀 센 것 같아요."

경쟁사의 입찰가까지 보여주며 가격 인하를 요구하는 K 사의 솔직한 태도에 감동한 A 사의 판매사원은 십중팔구 이렇게 생각하기 쉽다. '이 구매사원이 진심으로 우리 회사와 거래를 계속하고 싶어 하는구나. 다만 문제는 가격이로군. 어떻게 해서든 가격을 낮춰서 계약을 체결할 수 있도록 해야지.'

"고맙습니다. 솔직하게 모든 것을 말씀해주셔서요. 하지만 저희 회사에서는 아무래도 C 사가 제시한 145만 원 이하로는 맞추기가 힘들 것 같습니다. 지금까지 거래를 해왔으니 잘 생각해주십시오. 145만 원이면 우리 회사가 절대로 다른 곳에는 판매할 수 없는 가격입니다."

"압니다. 하지만 C 사가 제시한 입찰 가격보다 다만 얼마라도 낮아야 윗분들한테 보고 드릴 수가 있어요. 톤당 140만 원으로 합시다."

"좋습니다. 한두 번 거래하는 것도 아니고 140만 원으로 합시다. 하지만 장기적인 거래를 위해서 이번 한 해만 특별 가격으로 해드리는 겁니다."

판매사원이 이렇게 쉽게 많은 금액을 낮추어주고 협상을 마무리한 까닭은 K 사의 구매사원이 도저히 의심할 수 없는 객관적 진실을 이야기했다는 생각 때문이었다. 사실이다. 구매사원은 거짓을 말하지 않았다. 그러나 구매사원은 자기가 이야기하고 싶은 진실의 일부분만을 이야기했으며, 이 부분적인 진실이 거짓말을 한 것 이상의 훨씬 더 큰 효과를 가져왔다. 구매사원은 다른 경쟁사로부터 받은 입찰서 내용 말고도 품질이나 회사의 재정 상태 등이 어떤지에 관한 사전 조사를 이미 끝마친 상태에서 A 사의 판매사원에게 단순히 입찰가만 적혀 있는 경쟁사들의 입찰서만 제시했다. 만약 전체 진실을 이야기했다면 판매사원이 그렇게 쉽게 가격을 낮추어주고 협상을 종결하지는 않았을 것이다.

나는 협상을 진행할 때마다 반드시 지키는 철칙이 있다. 절대로 없는 이야기를 꾸며서 거짓말을 하지 않는다는 것이다. 거짓이 탄로 나면 협상가로서의 신뢰도는 회복될 수 없을 만큼 치명적으로 손상되고 만다. 협상에서 상대방에게 신뢰감을 잃는 것은 엄청난 약점이 된다. 협상 진행에 있어 또 하나의 철칙은 절대로 내게 불리한 정보를 노출시키지 않는다는 것이다. 필요하다면 부분적인 진실만 골라서 상대방에게 알려준다. 경험을 통하여 부분적인 진실만을 이야기하는 것이 거짓말을 하는 것보다 훨씬 더 효과가 크고 나중에도 문제가 없다는 지혜를 터득했기 때문이다.

협상 테이블은 법정의 증언석과는 다르다. 내가 가지고 있는 모든 것을 처음부터 끝까지 상대방에게 알려줄 필요도 없고 알려줘서도 안 된다. 상대방도 마찬가지라는 것도 잊지 말아야 한다. 상대방이 아무리 객관적인 사실을 나에게 알려준다고 할지라도 먼저 그 저의를 생각해야 한다.

불리한 정보를 흘리지 않는다

"이제부터 계약이 체결될 때까지는 일본의 생산자가 어떠한 정보를 요구하더라도
반드시 저와 먼저 상의하신 다음 제공해주셔야 합니다."

미국에서 형사 사건과 관련된 상담을 할 때면 언제나 빼놓지 않고 들려주는 이야기가 있었다.

"당신이 연루된 형사 문제에 있어서 남에게 이야기를 하고 싶으면 꼭 담당 변호사와 먼저 상담한 후에 해야 합니다. 당신이 한 이야기는 변호사에게 한 것을 제외하고는 전부 불리한 증거로 작용할 수 있기 때문이죠."

제법 굵직한 협상을 맡게 되었을 경우에도 상황은 역시 마찬가지인 것 같다. 요즘도 협상을 대신 진행하기에 앞서 반드시 당부하는 이야기가 있다.

"만약 협상을 성공적으로 마무리하고 싶으시면 상대방과 이야

기를 나누기 전에 반드시 저와 먼저 상의를 해주셔야 합니다. 그리고 사장님뿐 아니라 회사의 다른 직원도 마찬가지입니다. 상대방에게 사소한 것 하나라도 무심코 알려주는 일이 없도록 단단히 주의를 주십시오."

클라이언트를 만날 때마다 이렇게 간곡히 당부를 하는데도 무심코 이런 주의 사항을 흘려버리는 모습을 보면 얼마나 안타까운지 모르겠다. 엎질러진 물을 다시 담는 데에는 몇 배의 노력이 필요하며, 일단 엎질러진 다음에는 다시 주워 담을 수 없는 경우도 허다하다.

의료기기를 수입하던 업체를 위하여 협상을 진행할 때의 일이다. 이 업체는 주로 미국과 일본에서 첨단 의료기기를 수입하여 대형 병원을 중심으로 판매를 해왔다. 주로 수입상의 역할을 하며 사업을 진행하던 이 회사의 P 사장은 안정적으로 사업을 운영하기 위하여 일본의 커다란 의료기기 제조업체와 한국 지역 독점수입권을 보장하는 대리점 계약을 체결하고자 했다. P 사장은 대리점 계약과 관련된 법률 문제와 국제간 관행에 대하여 상담을 요청해왔다.

"P 사장님, 독점 대리점 계약을 체결하려면 다음 몇 가지를 생각하셔야 합니다. 우선 기간상의 문제입니다. 얼마 동안이나 독점적인 대리점으로 인정받을 수 있는지가 중요합니다. 대체로 독점 수입상의 자격으로 물건을 수입해서 팔게 되면 초기 몇 년 동안은 상당히 많은 투자가 필요합니다. 따라서 추후 투자 기간과 투자한 금액을 충분히 회수할 수 있는 기간을 보장받을 만큼의 기간이 필요합니다. 그다음은 코카콜라와 국내 대리점과의 관계에서 보듯 계약을 해지하고 상대방이 직접 판매하기를 원하거나 다른 회사로 대리점을 바꾸려고 할 때 어떻게 법의 보호를 받을 수 있을지 미리 생각해두셔야 합니다. 또한 상대방은 사장님께 계약 기간 동안 얼마나 물건을 많이 팔 수 있을지 물어보면서 틀림없이 최소 판매 수량 보장을 요청해올 것입니다. 쉽게 말해 사장님께 독점 판매권을 주면 그 기간 동안 한국 판매는 전적으로 사장님 손에 달려 있게 되니 위험 부담을 줄이기 위해 최소 판매량을 요구하는 것이 일반적인 관행입니다."

설명을 들은 P 사장은 전체적인 협상과 계약에 관한 일체의 사항을 의뢰하였다. 협상 업무에 대한 수임 계약을 체결하면서 P 사장에게 당부한 내용은 이렇다.

"이제부터 계약이 체결될 때까지는 일본의 생산자가 어떠한 정보를 요구하더라도 반드시 저와 먼저 상의하신 다음 제공해주셔야 합니다."

이미 협상이 막바지에 이르러 다른 사안들은 거의 다 합의가 된 상태였고, 마지막으로 최소 판매 수량 보장에 관한 이야기를 진행 중이었다. 최소 판매 수량 보장을 얼마로 하느냐는 P 사장에게 대단히 중요한 사안이었다. 일본 측에서는 가능한 한 많은 수량을 요구해왔고, P 사장이 그들의 요구대로 따를 경우 한국 경기가 나빠지거나 예상대로 판매가 되지 않을 시에는 과다한 현금이 재고로 잠기는 위험을 혼자서 감수해야 하기 때문이었다.

이 사안에 관하여 협상을 진행하던 중 일본 측에서 P 사장에게 향후 5년간의 한국 시장 전망에 관한 자료가 있으면 수집해달라는 요구를 해왔다. P 사장은 한국 시장의 잠재력이 크면 클수록 계약을 서두르지 않겠느냐는 생각을 하고 시장 상황을 지나치게 낙관적으로 예측한 자료들을 모아 일본 측에 보내주었다.

그 후 최종 협상을 위해 일본 측과 만났을 때 그들은 최소 판매 보장 수량을 대폭 늘리겠다는 입장을 보이며 P 사장이 제공한 정보를 근거 자료로 내놓았다. 정말 어처구니없는 일이었다. P 사장이 일본 측에 제시한 자료는 사실상 너무 낙관적인 견해라고 설명을 하면서도 상당 수량을 상향 조정해서 협상을 마무리할 수밖에 없는 순간이었다. 나의 클라이언트인 P 사장이 보내준 자료를 이용하여 요구하는데 달리 무어라 변명하겠는가.

잠깐의 방심으로 불리한 계약을 체결한 P 사장에게 엎친 데 덮친 격으로 외부적 환경 때문에 환율이 급등하는 외환위기가 닥쳐왔다. 계약이 체결된 지 1년이 지나지 않아 환율이 급등하고 내수는 줄어드는데 계약대로 많은 현금을 주고 최소 판매 보장 수량을 구매하든지 아니면 계약 변경을 위해 다시 시간과 비용을 들여 재협상을 하든지 해야 하는 처지에 놓이게 되었다. 한 번의 실수로 너무 많은 것을 잃은 사례이다.

다음은 협상 세미나에 참석한 보잉Boeing 사 협상 담당자의 실패담을 소개하고자 한다.

그는 미국 연방정부와 국방 산업 관련 장비의 납품에 관한 협상을 하고 있었는데 '납품할 물건의 제작 과정이 기술적으로 매우 까다롭기 때문에 금액을 높여야 한다.'는 게 보잉의 협상 전략이었다. 미국 연방정부의 담당자와 협상하기에 앞서 혹시 있을지 모르는 기술적인 질문에 대비하여 회사 엔지니어를 협상팀에 합류시켰다. 협상을 진행하면서 그는 납품할 물건의 제작 과정이 얼마나 기술적으로 까다로운지를 누차 강조하며 연방정부로부터 높은 금액을 받아낼 수 있도록 설득하는 중이었다. 그런데 그때까지 잠자코 앉아 있던 엔지니어가 기술의 난이도에 관하여 설명을 듣다가 갑자기 이런 엉뚱한 발언을 하기 시작했다.

"잠깐만요, 엔지니어의 입장에서 설명하자면 우리 회사가 지금까지 축적한 경험과 기술로 판단해볼 때 제작 과정이 그다지 어려운 일은 아닌 것 같습니다."

이 엔지니어의 말 한마디가 협상팀의 신뢰도를 극적으로 손상시켜 그토록 정성스럽게 준비하여 전력을 기울이던 전체 협상이 결국 중도에 결렬되고 말았다. 납품 계약은 끝내 다른 회사로 넘어가 버렸다.

"그때 엔지니어에게 미리 귀띔을 해주지 않았던 것이 정말 무지막지하게 후회스럽더라고요."

그는 이미 지난 일이라며 웃으면서 이야기했지만, 그 당시 얼마나 진땀을 흘렸을지는 겪어보지 않은 사람이라면 알 수 없을 것이다.

깎지 못하면 덤을 요구한다

내일도 가격을 낮추어달라고 해서는 전혀 승산이 없을 것 같은데
좋은 방법이 없을까 하고 고민하던 중
갑자기 '라스베이거스 카지노의 칩'이 떠올랐다.

사막 한가운데 자리 잡은 환락과 도박의 도시 라스베이거스에 갈 기회가 있었다. 과연 소문만큼이나 화려했고 카지노 도박장들은 이곳저곳에서 관광객들을 유혹하고 있었다. 뿌연 담배 연기 속에서 은밀하게 카드를 쥐고 있는 암흑가의 두 보스를 연상하고 찾아간 카지노 도박장은 의외로 그다지 심각해 보이지 않는 표정의 사람들로 붐비고 있었다. 무료한 시간을 보내기 위해 팝콘을 들고 서성이는 노인들을 포함해 주위에는 간단한 청바지 차림의 평범한 사람들이 저마다 도박의 재미에 빠져 있었다.

카지노 세계에서만 볼 수 있었던 특이한 광경 중에 인상적인 기억이 있다. 우선 그 넓은 카지노 안에 단 한 개의 시계도 걸려 있

지 않다는 점이다. 어느 장소에 가든 대부분 걸려 있는 것이 시계인데 이상하게도 카지노에서만은 찾아볼 수 없었다. 다음은 사람들이 도박을 하면서 모두 장난감 같은 플라스틱 칩을 사용하고 있다는 점이었다.

시계를 걸어 놓지 않은 이유는 무엇이었을까? 우연이라고 말하기에는 너무나 많은 사람들이 몰려드는 장소였다. 시간 개념을 없애 늦게까지 도박에 빠져들도록 유도하기 위한 것이라고 추측해 볼 뿐이다. 한편 현금을 플라스틱 칩으로 바꾸어 도박을 하도록 한 것은 100달러짜리 현금을 걸기보다는 장난감 같은 플라스틱 칩으로 하면 마음의 부담이 줄어들어 쉽게 베팅할 수 있을 것이라는 심리를 이용한 것이 아닐까 싶다.

한국 회사를 위하여 미국 육가공 식품회사 F 사로부터 도입할 물건의 가격에 대한 협상을 할 때의 일이다. F 사는 미국의 서부, 특히 한국 교포들이 많이 거주하고 있는 로스앤젤레스 지역 육가공 식품 시장에 대한 점유율이 60퍼센트에 육박하는 비교적 잘 알려진 회사였다. 그 때문에 많은 한국 업체들이 수입 가능성을 타진하기 위해 접촉을 시도해왔다. 그러나 워낙 고가, 고품질 정책을 추구하는 회사인지라 번번이 가격 협상에서 결렬되고는 했다.

클라이언트의 요청을 받아 F 사와 가격 협상을 진행하면서 드디어 다른 업체들이 겪었던 문제에 똑같이 봉착하게 되었다. F 사는 회사 정책상 절대로 파운드당 1달러 35센트 밑으로는 팔 수 없다고 주장했다. 그들은 이와 같은 가격 정책을 한국의 이웃 국가인 일본에도 똑같이 적용하고 있으므로 한국에만 특혜를 줄 수 없다는 주장을 되풀이할 뿐이었다. 상대방의 이런 완고한 주장에 네덜란드에서 제조한 'SP'라는 햄이 세계에서 가장 많이 팔리는 나라가 바로 한국이며 육가공 식품 시장에 충분한 잠재력이 있다는 시장의 특수성을 설명하며 상대방을 설득하기 시작하였다. 최소한 처음에는 시장 개척에 많은 자금이 투자되니 1달러 10센트는 되어야 한다고 한국 회사의 입장을 강력하게 피력하면서 말이다.

대체로 미국인들과 협상을 할 때 충분한 준비와 객관적인 자료에 입각한 논리적이고 합리적인 제안을 내놓으면 거의 일정 수준의 양보를 받아낼 수가 있었다. 하지만 F 사는 가격에 관한 한 처음부터 꿈쩍도 하지 않은 채 일관된 입장만을 고수하고 있었다. 나는 같이 협상에 참여한 클라이언트에게는 틀림없이 가격을 깎을 수 있을 거라고 장담했었다. 협상 전문가로서의 자존심이 무참하게 구겨지는 순간이었다.

"1달러 35센트 이하로는 절대 안 됩니다. 회사 정책이 그렇습니다."

"정말 유감이군요. 우리는 1달러 10센트는 되어야 가격 경쟁력도 생기고 마케팅도 제대로 할 수 있을 것 같은데요. 그럼 가격 문제는 내일쯤 최종 결론을 내기로 합시다. 참, 소시지가 한국인들 입맛엔 조금 짠 것 같던데 염도를 낮춰줄 수 있습니까?"

전혀 풀리지 않는 가격 문제를 내일로 미뤄놓고 돌아와 생각에 잠겼다. '왜 그렇게 가격에 집착하는 것일까? 분명히 한국 시장에 관심이 있어 보이는데, 이상하단 말이야. 다른 여러 가지를 쉽게 양보하는 걸 보면 가격도 양보가 가능할 듯한데 도저히 움직이지 않는 이유가 뭘까?' 곰곰이 생각하던 끝에 이런 결론에 도달했다.

　'우리와 거래하고 싶은 생각은 있지만 일단 자신들이 회사 정책으로 정해놓은 가격을 무너뜨리면 다른 회사가 찾아와 똑같이 요구할 수도 있다는 점을 두려워하고 있는 것 같아. 또 가격을 낮추는 것이 자부심을 가지고 있는 자신들의 상품에 대한 모독이라고 생각하는지도 모르겠어. 100년에 걸쳐 고품질을 주장해온 회사니까 그럴 수도 있지. 내일도 가격을 낮춰달라고 해서는 전혀 승산이 없을 것 같은데 좋은 방법이 없을까?'

　이렇게 고민을 하던 중 갑자기 '라스베이거스 카지노의 칩'이 떠올랐다. '그렇지, 가격을 깎아달라고 하는 대신에 가격 인하의 모양을 다른 형태로 바꾸어 제안하면 쉽게 받아들일 가능성도 있겠어.'

　여러 가지 방법을 생각하고 이튿날 다시 협상을 재개하였다.

　"가격을 1달러 35센트로 고수한다는 것은 우리의 경쟁력을 없게 만듭니다. 최소한 첫 1년간은 1달러 10센트로 해줘야 합니다."

　"어제도 누차 이야기했지만 가격은 1달러 35센트 이하로는 안 됩니다."

"이렇게 가격을 낮추어달라고 하는 것은 아시다시피 시장 개척에 투입되는 비용을 전적으로 우리가 투자하기 때문입니다. 가격 인하가 안 된다면 대신 판촉 비용으로 수입 가격의 15퍼센트에 해당하는 금전적인 지원을 해주십시오."

"안 됩니다. 우리 회사는 절대로 현금을 지원하지 않습니다."

"현금이 안 되면 판촉을 위한 샘플로 전체 주문량의 15퍼센트에 해당하는 소시지를 추가로 더 보내주십시오. 가격은 귀사의 정책에 맞추어 파운드당 1달러 35센트로 정합시다. 단, 주문량의 15퍼센트를 무료 샘플로 보내주셔서 판촉 지원을 해주시면 좋겠습니다."

가격을 낮추어달라는 요구에는 그렇게 완고하던 회사가 모양을 바꾼 무료 샘플 요구는 너무 쉽게 합의를 해주었다. 결국 파운드당 가격을 1달러 35센트로 하되 주문량의 15퍼센트를 추가로 주기로 한 것이다. 어차피 물건을 수입해서 팔아야 하는 클라이언트 입장에서는 15퍼센트 인하와 똑같은 효과를 본 것이다. 그리고 상대방 F 사 또한 상품 가격을 인하하지 않는다는 명분을 지키고 비용도 훨씬 절감하면서 15퍼센트를 깎아준 것과 같은 효과를 볼 수 있었다. 누이 좋고 매부 좋은 협상이었다.

더 큰 이익을 위해 위험을 무릅쓴다

새를 잡는 데 도통한 사람이라면 비록 불확실하다 해도
하늘을 나는 새 100마리를 잡기 위해 한 마리의 새를 놓아주어야 한다고 해도
기꺼이 그 위험을 감수할 것이다.

중학교 다닐 때 키도 작고 힘도 그리 세 보이지 않는 친구가 하나 있었다. 그런데 반에서 싸움을 제일 잘하는 친구를 꼽으라면 항상 이 친구의 이름이 첫 번째로 올라가곤 했다. 한번은 이 친구가 자기보다 훨씬 덩치가 큰 상대와 싸우는 것을 본 적이 있었다. 도저히 힘으로는 상대가 되지 않자 작은 친구는 손에 잡히는 볼펜이며 가위 같은 날카로운 물건을 들고서 물불 안 가리고 덤벼들었다. 그러자 그 덩치 큰 아이는 무서워하며 슬슬 피했다. 만약 덩치 큰 아이도 똑같이 물불 안 가리고 달려들어 싸움을 계속했다면 내 친구가 죽도록 얻어맞는 것으로 끝이 났을 것이다. 그러나 그 큰 녀석은 덩치에 어울리지 않게 도망가는 것을 택하고 말았다. 다치

는 위험을 감수하면서 달려드는 조그만 친구를 당해내지 못한 것이었다.

따분한 판례집이나 회계장부를 보며 사는 나 같은 사람은 아무래도 세상사에 어두운 편이다. 남들 다 아는 이야기를 뒤늦게 듣고 재미있어하는 경우가 많은데 다음 역시 그런 내용일지도 모르겠다. '세상에서 제일 무서운 사람은 소방관, 노인, 맹인'이라고 한다. 소방관은 물불을 가리지 않으며, 노인은 다 살아서 무서울 것이 없고, 맹인은 눈에 보이는 것이 없기 때문이라나. 이 우스갯소리에 등장하는 사람들의 공통점은 위험을 감수하는 사람이라는 점이다.

'손안에 잡힌 새 한 마리가 하늘을 나는 100마리의 새보다 더 가치가 있다.' 확실함을 선호하는 사람들의 마음을 아주 잘 표현한 서양의 격언이다. 안정은 인간이 가장 소중히 여기는 목표 중 하나이다. 될 수 있으면 위험을 피하려고 하는 것이 인지상정이다. 그러나 결과가 이롭게 나타날 수도 있지만 잘못될 수도 있는 불확실한 일에 투자할 수 있는 결단력과 용기를 가진 사람만이 보다 나은 것을 얻게 된다.

많은 경우 불확실성은 합리적인 이유보다는 두려움이나 선입견에서 나온다. 공중에 나는 새를 잡는 방법을 전혀 모르는 사람에게는 손안에 잡혀 있는 새만이 가치가 있을 뿐이다. 하지만 새를 잡는 데 도통한 사람이라면 비록 불확실하다 해도 하늘을 나는 새

100마리 쪽이 더 많은 가능성을 가지고 있기 때문에 보다 큰 가치를 부여하게 마련이다. 그런 사람은 여러 마리의 새를 잡기 위해서 필요하다면 한 마리의 새를 놓아주는 위험을 감수할 것이다. 상황을 정확하고 합리적으로 판단하는 사람에게 있어 위험 부담은 이유 있는 선택이다.

위험 부담은 성공적인 협상을 위해서 피할 수 없는 부분이다. 실제 협상 상황에서 기꺼이 위험 부담을 감수하는 사람이 위험을 회피하려는 사람보다 상대적으로 힘을 더 갖게 되어 있다. 어떤 새로운 안을 제시하거나 질문할 때, 또 필요할 때까지 끈기 있게 기다리거나 교착 상태를 헤쳐 나가는 협상의 순간순간마다 위험을 감수하는 용기는 매우 큰 힘을 발휘한다. 단, 여기서 말하는 용기는 무모한 위험을 감수하는 것과는 분명히 구별되어야 한다.

그렇다면 협상에는 주로 어떤 위험이 있으며 이것들이 협상에 끼치는 영향은 무엇일까?

가장 먼저, 사람들은 진행하던 협상이 결렬되는 상황을 두려워한다. 이들은 협상이 중도에 결렬되면 그나마 지금까지 합의를 통해 얻은 것도 송두리째 잃게 될까 봐 두려워한다. 그래서 지금까지 끌어온 협상을 지키기 위해 양보해서는 안 되는 중요한 사안까지 양보해버리는 경우가 많다. 경험이 풍부한 상대방이 인간의 이러한 본능적인 성향을 이용하여 목적한 바를 얻기 위해 양보하지 않으면 협상을 결렬시키겠다고 위협하는 것은 드문 일이 아니다.

이럴 때 동요하지 말고 그 위협이 어떠한 근거를 가지고 있는지, 최악의 경우 협상을 결렬시켜 소득 없이 끝내는 편이 양보해버리는 것보다 나은 것은 아닌지 계산해보아야 한다. 협상이 결렬되는 위험을 감수하지 못하는 사람들은 허겁지겁 협상을 마무리하기 위해서 차라리 협상 이전 상태보다 못하거나, 협상에 투자한 것들에 못 미치는 결정에 동의하게 된다.

협상에 나선 사람들이 두려워하는 또 다른 하나는 협상 결렬 때문에 자신이 속한 조직에서 받게 될지도 모르는 비난이다. 이들은 타결하지 못한 협상 때문에 자신이 회사에서 책임을 지고 물러날지도 모른다거나 최소한 자신에 대한 평이 나빠질 수도 있다는 두려움 때문에 소신 있게 협상에 임하지 못한다. 그래서 많은 사람들이 협상을 통해 최상의 것을 얻어내기 위해 노력하기보다는 현상 유지에 급급한 복지부동의 모습을 보이기도 한다. 그러나 조직을 진정으로 발전시키고자 하는 사람은 비난을 두려워하기보다 그러한 위험을 기꺼이 부담하면서 최고의 결과를 추구한다.

마지막으로 협상을 진행하며 의식해야 할 것은 기회를 포착하기 위해서 위험을 감수하는 것이다. 협상이 중도에 결렬되거나 조직 내의 비난이 두려워 위험 부담을 피하는 경우는 쉽게 눈에 띈다. 반면 기회를 얻기 위해 기꺼이 위험 부담을 안고 가고자 하는 이들은 철저한 준비와 장기적인 투자를 할 수 있는 안목을 갖추려고 노력하며 위험을 회피하지 않는다.

기회를 얻기 위해 위험을 감수하는 사람들은 보이지 않는 것에도 기꺼이 시간과 노력, 그리고 비용을 투자할 수 있는 용기 있는 사람이다. 이들의 투자는 무모한 객기와는 다르다. 이러한 투자를 통해 추후 기회를 얻을 수 있다는 확신으로 위험 부담을 감수하는 것이다.

장소의 선택이 성패를 좌우한다

"자네, NBA 농구 봐? 농구 시합할 때 홈 경기와 어웨이 경기 중
어느 쪽의 승률이 높은지 알고 있나?"

미국에 거주할 때 옆 사무실 친구와 함께 점심 식사를 하던 중
이런 질문을 받았다.

"김 변호사, 내가 우리 집을 어느 증권회사 중역한테 세 놓고 있
는 걸 알고 있나? 벌써 2년이 됐는데 이번에 재계약을 하자는 전
화가 왔어. 아무래도 월세를 20퍼센트쯤 올리고 싶은데 말하기가
좀 뭐해서."

"한 달에 얼마나 받고 있는데?"

"지금은 월 3,000달러씩 받고 있는데 중개소에 알아보니
3,300달러 정도가 시세라는 거야. 시세대로 간다면 아무래도 1년
후면 3,600달러 정도는 될 것 같아. 그런데 지금 시세대로 재계약

을 하면 나중에 손해를 볼 것 같고, 또 3,300달러 이상 달라고 하면 나간다고 할 게 분명하니 이를 어쩌지?"

"증권회사 다니는 친구는 얼마나 연장을 하고 싶대?"

"최소 2년은 해야 한다더군. 1년씩 연장할 수만 있다면 좋을 텐데 그 이야기는 씨도 안 먹혀. 월세 금액은 최종적으로 다음 주말까지 통보해달래. 들어보고 결정하겠다고."

"그래, 3,600달러를 받고 싶다는 말이지? 그런데 세 들어 있는 친구는 집을 좋아하는 것 같던가?"

"응, 맘에 들기는 한 것 같아."

"그렇다면 3,600달러 받는 것이 불가능하지 않겠네. 언제 얘기해주기로 했는데?"

"아직 정하진 않았는데 저녁 식사나 같이 하며 이야기를 할까 해."

"그러지 말고 좀 귀찮더라도 시간 내서 그 친구 사무실에 찾아가 얘기해보라고. 특히 월세 같은 협상은 장소가 매우 중요하거든."

"왜 무슨 특별한 이유가 있어?"

"자네, NBA 농구 봐? 홈 경기와 어웨이 경기 중 어느 쪽의 승률이 높은지 알고 있나? 주로 홈 경기가 훨씬 승률이 높지. 단지 장소가 다르다는 것 때문에 결과가 많이 다른 거야. 자네가 별 생각 없이 세준 집에 찾아가서 월세를 올리자는 얘기를 하면 10퍼센트도 못 올릴 거야. 보나 마나 자네한테 집 구석구석을 보여주면서 불편하고 맘에 안 드는 부분만 골라 이야기해서 3,600달러 얘기는 꺼내지도 못하게 할걸. 그 친구 사무실에는 가봤어? 아무래도 잘나가는 증권회사니까 사무실도 번듯하게 차려 놓았겠지?"

"아니, 뭐 내가 가볼 이유가 있었어야지. 하지만 그 회사 거래량이 아마 하루에 몇백만 달러는 될걸."

"좋아! 가장 바쁜 시간에 그 친구 사무실에 찾아가서 얘기하는 게 제일 좋겠다. 우선 심리적으로 자기 사무실에서 적은 돈 가지고 쩨쩨하게 보이고 싶은 생각은 없을 테고, 또 자기 돈은 아니지만 하루에 몇백만 달러씩 거래가 일어나는 사무실이라면 아무래도 은근히 바람이 들어가거든. 그리고 바쁜 시간에 찾아가면 이것저것 따지기도 힘들지 않을까?"

얼마 후 옆 사무실의 친구가 저녁을 사겠다며 연락을 해왔다. 사무실에 찾아가서 월세를 올리는 협상을 해서 결국 20퍼센트 인상으로 합의가 끝났으니 계약서를 준비해야 할 것 같다고 말이다.

협상을 성공적으로 이끄는 데 있어서 사소한 것처럼 보이는 장소의 선택은 매우 중요한 요소이다. 모든 프로 스포츠에서 예외 없이 홈 경기 승률이 훨씬 높은 이유는 무엇일까? 외교 협상을 할 때 가장 먼저 합의해야 할 사항 중 하나가 역시 장소의 문제이다. '텃세'라는 말도 있듯이 장소에 따라 결과가 달라질 수 있다는 사실을 잊지 말아야 한다.

상대방 배후의 조직적 요소를 파악한다

협상을 성공적으로 마무리하려면 먼저 상대방이 가지고 있는
조직적 요소를 파악하는 데 중점을 두고 좀 더 깊이 있게 협상에 임해야 한다.

소위 강성 노조의 대표 격인 H 중공업 노조와 사용자 측이 임금 협상 테이블에 마주 앉았다. 노동조합의 요구는 임금 15퍼센트 인상, 성과급 200퍼센트 추가 지급, 해고 노조원 복직과 기타 종업원 복리후생을 위한 몇 가지 사소한 안건들이었다. 사용자를 대표하는 인사 담당 이사는 임금 인상은 경총(한국경영자총협회)에서 제시한 가이드라인에 맞추어 6퍼센트 이상은 불가하며 성과급도 50퍼센트 이상은 불가하다는 입장이었다. 작년에 협상 타결이 지연되어 파업과 공장 폐쇄 등 극한으로 치달았던 경험을 상기하며 금년에는 한 달이나 일찍 쌍방이 협상 테이블로 나왔다.

하지만 협상을 일찍 시작한 보람도 없이 양쪽이 팽팽하게 맞서

며 각자 자신들의 입장만을 고수하는 바람에 성과급 문제와 기타 사소한 안건을 제외한 임금 인상폭과 해고 노조원 복직 문제는 협상이 전혀 진척되지 않았다. 내일은 파업 결정을 위한 노조원 투표를 하는 날이다. 분위기로 봐서 금년에도 파업과 공장 폐쇄, 그리고 재협상의 악순환이 계속될 전망이다. 이 재협상에서는 파업 기간 동안 노조원들의 임금을 지급할 것인가 하는 해결하기 어려운 또 하나의 의제가 추가될 것이다.

1998년 초 김대중 정부는 총체적인 경제위기로 인한 국난을 해결하기 위하여 '노사정 합의'라는 원대한 목표를 설정하였다. 정치권, 재계, 노동계를 대표한 사람들이 모여서 얼마 동안 끙끙대더니 노사정 합의문을 발표하였다. 언론에서는 '노동운동 사상 초유의 투쟁을 통하지 않은 합의! 다른 나라에서도 유래를 찾아볼 수 없는 새로운 정부의 업적! 성숙한 협상 문화의 시작!'이라며 요란하게 기사를 게재하기 시작했다. 그런데 불과 며칠이 안 돼 노동계에서 '우리는 노사정 합의를 인정할 수 없다. 그 합의는 우리의 의도를 왜곡한 것이다.'라는 발표를 하였다. 협상에 참여했던 모든 사람들이 긴 시간의 토론과 설득을 통하여 악수하고 도장 찍은 합의문 발표임에도 불구하고 합의 내용이 완전 뒤집어진 것이다. 정치인들이 어떻게 생각하든, 그리고 언론에서 뭐라고 발표하든 모든 외국인 투자자들은 노동계 내부에서 합의되지 않은 타결이라면 아직 완전한 합의에 이르지 못한 것이라고 생각한다.

몇 달 전 아내가 직장에서 특별 승진을 했다. 아마도 열심히 일한 덕분이라 생각된다. 아내는 새벽 5시가 되기 전에 일어나 아이들 도시락을 준비하고 6시가 조금 지나면 나와 함께 차를 타고 출근을 한다. 그러고는 매일 밤 10시가 넘어 늦게 퇴근을 한다. 어떤 때는 새벽까지 야근도 한다. 불만스러운 점이 아주 없는 것은 아니지만 열심히 일하는 아내의 모습을 보며 제대로 도와주지 못해 안타까울 때가 많았다. 특히 밤 늦게까지 일하고 퇴근할 때면 자동차가 없어 몇 번씩 차를 갈아타고 오느라 지친 모습으로 집에 들어서는 아내가 무척 안쓰러웠다. 승진도 축하해주고 그렇게 힘들어하는 직장 생활을 조금이라도 도와줄 겸 해서 몇 년 동안 아내 몰래 모아온 비상금을 털어 할부로 경차를 선물하기로 했다. 마침 승진한 직급은 자동차 운영비도 보조된다니 경차를 운영하기에는 별 부담도 없을 것 같았다.

아내 몰래 H 자동차 영업소에 전화를 걸어 최근에 출시된 경차 구입을 문의해보았다. 전화한 지 몇 시간이 채 안 돼 영업사원이 자동차 브로슈어와 준비 서류 목록을 가지고 사무실로 찾아왔다. 아내의 취향을 생각하며 색상도 고르고 출고 기일과 대금 지불 방법도 영업사원과 의논하였다. 그날 밤 집에 들어가서 아내에게 물어보았다.

"요즘 H 자동차에서 나온 경차 봤어? 디자인이 어때?"

"참 예쁘던데요."라는 기대했던 대답이 나오면 "오랜만에 남편

노릇 한 번 하지. 며칠 후 당신 사무실로 자동차 영업사원이 찾아갈 거야." 하면서 아내를 놀라게 해주고 싶었다. 그런데 아내의 대답은 뜻밖이었다.

"그 차 너무 이상하게 생겼어요. 키가 너무 커서 뒷모습이 멍청해 보여요. 차라리 D 자동차에서 나온 경차가 더 예쁘던데요."

이튿날 출근하자마자 H 자동차 영업사원에게 다시 전화를 걸었다. "대단히 미안합니다. 갑작스럽게 사정이 생겨서 어제 얘기한 자동차 구입을 취소해야 할 것 같습니다."

다음으로 아내를 위해 D 자동차 영업사원과 다시 협상을 해야 했기에 D 자동차 영업소에 전화를 걸었다.

"요즘 나온 경차에 관해 문의하고 싶은데요."

H 중공업 노조의 임원들과 사용자 측 대표들은 우리들과 다른 종류의 사람들이라 양보도 할 줄 모르는 강경 일변도의 사람들인가? 아니다. 그들도 우리와 똑같이 합리적인 사고를 하는 사람들이고 특별히 갈등을 즐기는 사람들도 아니다. 노사정 합의문에 서명하고 악수 장면 사진까지 찍은 노동자 대표자들이 합의 내용에 트집을 잡았다. 그들은 약속 뒤집기를 그렇게 쉽게 하는 믿을 수 없는 사람들일까? 아니다. 오히려 그들이야말로 정치가나 기업가들에 비해 자신이 한 말에 훨씬 더 무게를 두어 지키려고 노력하는 신의 있는 사람들일 것이다. 어제 자동차를 구입하기로 H 자동

차 영업사원과 몇 시간의 협상을 거쳐 계약서에 도장만 찍으면 되도록 합의한 후 24시간도 채 지나지 않아 없었던 일로 취소하자고 한 나는 내가 한 말에 책임질 줄 모르는 사람인가? 아무리 생각해도 그건 아닌 것 같다.

사람들은 협상 테이블에 앉아 어렵게 합의한 내용들을 하룻밤 지난 후 다시 취소하기도 한다. 평소에는 그렇게 사람 좋고 합리적이던 노조위원장이 협상 테이블에만 앉으면 융통성이 전혀 없는 강성 노조위원장으로 돌변한다. 조금만 생각해보면 이런 일들이 생기는 것은 전혀 이상하지 않다. 협상을 깊이 들여다보자. 협상은 테이블을 사이에 두고 마주 앉아 있는 사람들끼리 진행하지만 실상 그 사람들 뒤에 있는 조직이 보이지 않게 협상을 조정하고 있다는 것을 알 수 있다. 협상가는 단지 조직의 일부분으로 존재한다. 협상에 참여한 협상가 뒤에는 자신을 대표로 뽑아준 노조원들, 회사 동료와 상사, 친구들과 친척, 아내와 가족들이 있다. 그리고 이러한 요인들은 보이지 않게 협상가에게 지대한 영향을 끼친다.

이것을 협상 전문가들은 협상가가 지니고 있는 '조직적 요소'라고 표현한다. 협상을 성공적으로 마무리하려면 먼저 상대방이 가지고 있는 조직적 요소를 파악하는 데 중점을 두고 좀 더 깊이 있게 협상에 임해야 한다. 한 예로 기계를 사고자 하는 구매자는 관리부서, 생산부서, 판매부서, 노동조합 그리고 정부의 요구를 모두 만족시켜야 한다. 판매자 역시 투자자, 제조자, 이익집단들 그리고 생산·가격 관리자들의 기대를 만족시켜야 한다. 어디서나 원칙은 같다.

이와 같이 조직적 요소들을 이해하고 적극적으로 실제 협상에 활용하기 위해서는 다음에 제시된 네 가지 규칙을 유심히 살펴보기 바란다.

첫째, 협상 주제에 따라 궁극적으로 누구에게 의사결정권이 있는지 파악한다

혼신의 힘을 기울여서 어느 정도까지 협상을 진척시켜 놓았는데 상대방이 난데없이 자신은 의사결정권이 없으므로 상부에 말해보겠다고 하면 기운이 빠질 것이다. 무엇보다 협상 담당자가 어느 정도의 의사결정권을 가지고 있는지 알아보고 협상 주제에 따라 누구에게 궁극적 의사결정권이 있는지, 또 실무는 누가 담당하는지 살펴보아야 한다. 그래야 쓸데없는 수고를 덜 수 있으며 협상에서도 성공할 수 있게 된다.

둘째, 물건의 가치와 타당성에 대하여 협상가 뒤에 있는 사람들에게 인정을 받아둔다

협상을 하는 데 있어서 상대방 당사자만을 고려하면 그만이라고 생각했다가는 큰 오산이다. 협상 당사자는 결코 독단적으로 협상을 결정할 수 없다. 그의 결정에는 상사와 동료들, 또는 아내와 친구들이 미치는 영향이 클 것이다. 그는 주위 사람들로부터 인정받고 싶어 하고, 그들의 조언에 귀 기울일 것이다. 협상에 앞서서 상대방 뒤에서 알게 모르게 영향을 주고 있는 사람들에게 먼저 인정을 받아두면 협상 진행 과정에 있어서 그들이 든든한 후원자가 되어줄 것이다. 협상 상대방은 당신이 하는 말에 여러 가지로 경계를 하겠지만 그 뒤에 있는 사람들에게 접근하여 인정을 받는 것은 그리 어렵지 않을 수도 있다.

셋째, 상대방 개인이 아닌 그가 속한 조직과 협상하는 것이다

상대편 조직이 인정하지 않는다면 상대방 역시 당신에게 'Yes'라는 대답을 해줄 수 없다. 당신의 일은 상대방이 그의 조직으로부터 'Yes'라는 대답을 얻기 위해 협상하도록 돕는 것이다. 그러므로 협상 당사자 개인뿐만 아니라 그가 속한 조직이 'Yes'라는 말을 할 수 있도록 협상을 만들어가야 한다. 그러기 위해서는 상대편 조직이 어떠한 상황에 처해 있으며, 무엇을 원하고 있는지 조사해보아야 한다.

넷째, 성공적인 협상가가 되려면 먼저 당신이 속한 조직으로부터 인정을 받아야 한다

아무리 숙련된 협상가라 하더라도 자신이 속한 조직에서 인정받지 못하면 협상 결과에 관계없이 비난을 사게 되어 있다. 상대방이 그렇듯이 당신 역시 혈혈단신, 독단적으로 협상하는 것은 아닐 것이다. 그러므로 당신이 속한 조직에서 먼저 의견이 모아지고 당신의 협상안에 대한 지지가 이루어져야 한다. 독불장군은 결코 성공적인 협상가가 될 수 없다. 먼저 당신의 조직으로부터 인정을 받아야 한다.

새로운 사업을 시작하려는 사람들을 위하여

성공적인 협상은 저절로 만들어지는 것이 아니다.
체계적인 생각과 이에 따른 철저한 실천만이 성공적인 협상을 만들 수 있다.

K 씨는 최근까지 국내 최대 D 맥주회사의 고참 과장으로 잘나
가던 직장 생활을 하다가 10개월 전 명예퇴직을 하였다. 물론 더
근무를 할 수도 있었지만 명예퇴직에 따르는 여러 가지 부대 조건
들을 검토한 결과 퇴직하여 자기 사업을 하는 편이 낫겠다는 판단
으로 과감하게 사표를 던졌다. 이때 K 씨는 회사로부터 퇴직금과
명예퇴직에 따른 추가 금액을 합해 1억 5,000만 원을 받았다. 사표
를 던지고 나온 뒤로 지난 10개월간 열심히 새로운 사업을 찾아다
녔으나 뚜렷하게 마음에 드는 것이 없었다. 그러던 중 전 직장 동
료인 영업 담당 과장으로부터 대학가에 위치한 D 맥주회사 호프
체인점이 매물로 나왔다는 소식을 듣게 되었다. 우연히 팔 의사가

있음을 알게 된 경우로 영업부 자료에 의하면 이 호프집은 서울 시내에서도 상당히 잘되는 가맹점 중 하나이며 최소한 투자비와 인건비는 나올 수 있는 장소라고 했다.

K 씨는 사업 경험이 없기 때문에 처음부터 새로운 사업을 시작하기보다는 기존의 사업체를 인수하여 경영하는 것이 바람직해 보였고, 또 독립된 사업체보다는 프랜차이즈 가맹 사업체가 적합하다고 생각하고 있었다. 더구나 내막을 알 수 있다는 점에서 다른 사업체를 매입하는 것보다 안전하기도 하고 전 직장에서 상당한 도움도 받을 가능성이 있어 보였다.

이 사업이면 괜찮겠다는 생각을 한 후 자신이 들은 이야기를 직접 눈으로 확인하기 위하여 며칠 동안 호프 체인점에 드나드는 고객의 숫자와 영업 상황 등을 면밀하게 조사했다. 그 결과 자신이 가지고 있는 새로운 아이디어와 맥주에 관한 경험을 더한다면 충분히 높은 수익성을 내는 사업체로 끌고 갈 수 있으리라는 자신감을 가지게 되었다.

현재 이 호프 체인점 주인인 50대 중반의 L 씨는 3년 전부터 열심히 사업을 해왔다. 그러나 3년간 사업을 운영한 지금 몇 가지 이유 때문에 호프 체인점을 처분하고 싶은 생각이 들기 시작하였다. 첫째는 적자를 보는 형편은 물론 아니지만 1년 전부터 매출 신장이 둔화되어 예상과는 달리 이익이 많지 않다는 점 때문이었다. 그리고 비슷한 가게들이 많이 생겨 경쟁이 갈수록 치열해지고 있었다. 지난해에만 이 주위에 호프 체인점이 두 곳이나 더 생겼다. 둘째는 나이가 들어가면서 밤늦게까지 자리를 지켜야 하는 지금 사업보다는 조금은 더 시간 여유가 있는 업종으로 전환하고 싶어서였다. 이제 자녀들도 다 출가를 한 마당에 그렇게 힘들여서 돈을 벌어야 할 이유도 없는 것 같았다. 정신없이 살아왔으니 이제는 여유를 가지고 살고 싶었다. 얼마 전 부인도 적당한 가격이면 가게를 팔고 여행이라도 하면서 살자는 이야기를 했다. 작년만 같아도 쓸데없는 소리 말라고 윽박질렀을 텐데 최근에는 '그래, 이제 그렇게 살아도 되는 때가 온 것 같다.'라고 생각했다.

이런 생각을 하던 참에 L 씨는 본사에서 방문한 영업과장과 이런저런 이야기를 하다 넌지시 의사를 밝혔다.

"확실하게 결정한 것은 아니지만 가격만 맞으면 가게를 처분하고 싶습니다. 과장님 발이 넓으시니 한번 찾아봐주십시오."

이렇게 해서 명퇴자 K 씨는 호프집 매입을 위한 협상을 하게 되었다. 나는 K 씨에게 다음과 같이 조언하고 싶다. 이 조언은 어려운 경제 상황 속에서 사업을 해나가는 데 도움이 될 것이다. 또 사업체를 인수할 계획을 가진 다른 사람들도 참고하길 바란다.

1. 협상 준비 단계 : 협상을 통해 무엇을 얻어내려고 하는가?

K 씨의 투자 최대 금액은 퇴직할 때 받은 1억 5,000만 원과 지금 살고 있는 집을 담보로 은행에서 융자받을 수 있는 5,000만 원을

합한 총 2억 원이다. 그런데 K 씨가 구매하고 싶은 사업체의 권리금에 대해 조사한 결과, 근접한 거리에 있는 비슷한 규모의 사업체 권리금이 2억 원에 거래된 적이 있음을 알게 되었다.

이와 같은 기초 조사를 근거로 협상에 임하기 전에 K 씨는 가장 먼저 과연 얼마에 이 사업체를 인수하는 것이 바람직한지에 대한 목표를 결정해야 한다. 그러나 안타깝게도 많은 사람들이 이 단계를 무시한다. 자신이 협상을 통해 구입하려는 물건의 금액을 미리 결정하는 것은 무엇보다 중요하다. 사람은 누구나 일단 협상을 시작하면 결렬시키기보다는 대폭적인 양보를 해서라도 마무리하고 싶어 한다. 목표치는 바로 이러한 욕구에 대해 브레이크 역할을 해준다. 브레이크가 고장 난 자동차를 타고 가는 것이 위험천만하듯 목표치 설정 없이 협상을 시작하는 것은 매우 어리석은 일이다.

K 씨는 확실한 인수 목표 금액을 결정하기 위해 자신의 자본 능력과 앞으로의 운영 계획을 따져봐야 하며, 최소한 얼마 정도를 지불하면 상대방이 사업체를 넘겨주게 될지를 미리 추측해봐야 한다. 금액을 결정하면서 K 씨는 마음속에 두 가지 요소를 생각하게 될 것이다.

하나는 비슷한 위치에 있는 사업체가 권리금 2억 원에 매매가 성사되었지만, 협상을 잘하고 현재의 경제 상황이나 주위 상황을 살펴보면 1억 6,000만 원 선에서 매입하는 것이 좋겠다는 '개인적이고 주관적인 욕구'이다. 또 다른 하나는 사업에 대한 타당성 검토와 상대방이 얼마 정도면 매각할 것이라는 객관적이고 현실적인 분석이다. 객관적 입장에서 고려할 사항은 2억 원에 매매된 유사한 가게의 권리금과 자신의 경제 능력이다. K 씨가 마련할 수 있는 현금 자산은 퇴직금을 포함하여 1억 5,000만 원과 은행 융자금 5,000만 원인데 사업체 인수와 함께 은행 융자에 따르는 이자를 포함한 운영비, 신규 광고비, 새로운 분위기를 연출하기 위한 인테리어 비용 등이 발생하게 된다. 최소한 3,000만 원 정도가 들 것으로 예상되며 이를 고려하면 1억 7,000만 원 미만으로 사업체를 인수해야 어려움 없이 운영할 수 있다는 결론에 도달하였다. 그리고 다음과 같은 질문을 스스로에게 던지고 해답을 궁리하는 동안 보다 구체적인 목표치를 설정하였다.

질문 1 : 주위에서 비슷한 규모의 사업체가 매매된 적이 있는가? 있다면 권리금은 얼마였는가?

답 : 두 달 전 호프집은 아니지만 비슷한 규모의 가게가 2억 원 가량에 거래된 적이 있다.

질문 2 : 매매된 사업체와 호프집의 차이점은 무엇인가? 그 사업체는 인테리어 비용에 얼마나 투자하였나? 사업성은 어떠했는가? 그 이후 경제 사정은 어떻게 바뀌었는가?

답 : 같은 주류를 파는 주점이라 호프집과 매우 유사하다. 최근 매매가 된 주점을 방문해보니 인테리어 비용도 비슷하게 든 것 같

다. 대학가라는 특성을 고려해볼 때 사업성은 주점보다는 호프집이 더 나은 것 같다. 대학가라는 지역적 특성 때문에 경기에 그렇게 민감하게 영향을 받을 것 같지는 않지만 외식업으로 분류될 수 있는 업종 특성을 고려해볼 때 무풍지대는 아닐 것 같다.

질문 3 : 상대방이 사업체를 매매하고자 하는 이유는 무엇일까? 사업이 안되기 때문일까, 아니면 다른 이유가 있어서일까?

답 : 영업 담당 과장의 말이나 내가 조사한 정보에 의하면 사업이 안돼서 팔려는 것 같지는 않다. 아마 나이가 많이 들어 이제 은퇴를 준비하고 있는 것 같기도 하다. 자녀들도 다 출가시켰고 가끔 부인도 가게에 나와서 일을 돕는 것을 보니 급하게 현금이 필요한 것 같지도 않다.

질문 4 : 얼마를 투자해야 원하는 투자 수익률을 낼 수 있을까? 차라리 이 돈으로 은행에 예금을 하거나 부동산에 투자하는 것이 낫지 않을까? 매입 금액 외에 추가 투자 금액은 얼마나 더 있어야 할까?

답 : 1억 7,000만 원에 매입하고 3,000만 원이 추가 투자된다면 총 2억 원을 투자하는 셈이다. 이곳에 투자하는 대신에 부동산이나 주식 같은 것에 투자해서 수익을 낼 수 있는 기회를 상실하는 셈이다. 상실되는 기회비용을 생각해보면 적어도 한 달에 300만 원은 된다. 거기에 내가 수고하는 인건비, 사업을 하는 데 따르는 위험도 등을 고려하면 수입이 매달 최소 500만 원은 되어야 한다. 조

사한 바에 따르면 이 호프집의 현재 월 수입은 400에서 500만 원 사이다. 내가 조금만 더 열심히 경영하면 600만 원까지도 가능할 것 같다.

질문 5 : 이 호프집 말고 다른 선택은 없을까? 다른 사업체를 찾는 데는 시간과 노력이 얼마나 더 들어갈 것인가?

답 : 물론 다른 선택도 있을 수 있다. 지금까지 열 달이나 기다려 왔는데 이 거래가 안 된다고 해서 세상이 끝나는 것은 아니다. 그런데 어디 다른 것 찾기가 쉬운가? 가능하면 이 거래를 성사시키고 싶다.

이와 같은 철저한 분석 작업을 통하여 K 씨는 자신이 지불할 수 있는 최대 금액 1억 7,000만 원에 거래를 성사시키자는 목표치를 설정하였다.

2. 협상 초기 단계 : 어떻게 시작할 것인가?

다음 단계는 어느 정도 선에서 가격 제안을 시작할 것인가 하는 질문이다. 호프집 주인을 만나자마자 1억 7,000만 원에 팔라고 이야기를 건네보면 어떨까? 어쩌면 호프집 주인이 "좋습니다. 바로 계약서를 작성합시다."라고 나올 가능성도 있다. 당신의 기분은 어떨까? 바로 계약서를 작성할 것인가? 아마 K 씨는 상대방이 1억 7,000만 원을 쉽게 받아들이는 것을 볼 때 '내가 1억 6,000만 원이나 1억 5,000만 원을 제시했어도 됐을 텐데.'라는 생각에 아쉬워하고 후회할 것이다. 그러나 이런 일이 일어날 가능성은 매우 희박해서 이런 일이 일어났을 때 해야 하는 고민은 사실 행복한 고민이라 할 수 있을 것이다.

K 씨가 1억 7,000만 원을 제시했을 때 호프집 주인 L 씨의 반응을 생각해보자.

"1억 7,000만 원이요? 말도 안 돼요. 근처의 주점도 권리금 2억 원에 매매가 됐는데 2억 원 밑으로는 정말 안 돼요."

상대방의 반응이 이렇다면 K 씨가 아무리 협상 기술이 훌륭하다고 할지라도 목표치인 1억 7,000만 원에 매매 계약을 체결하는 것은 불가능하다. 따라서 목표치를 달성하기 위하여 K 씨가 취할 수 있는 방법은 오직 하나다. 단 1원도 양보하지 않고 끝까지 처음 제안을 고수하는 것인데, L 씨의 형편으로 봐서 절대로 성사될 것 같지는 않다. 따라서 K 씨가 원하는 대로 협상을 끌고 나가려면 목표치보다 낮은 가격으로 제안을 해야 할 것이다.

얼마나 낮추고 시작해야 하는가. 1억 원? 1억 2,000만 원? 이렇게 낮은 금액으로 시작하는 것은 상식 밖의 일이기에 상대방이 가격 조정을 위한 협상 테이블에 아예 앉으려고도 하지 않을 것이다. 어쩌면 상대방이 감정을 상해서 2억 원에서 한 푼도 깎아줄 수 없다는 입장을 고수할지도 모른다. 그리고 무엇보다 이렇게 낮은 가격으로 제안하는 데 있어 근본적인 문제는 K 씨가 제안하는 가격에 대한 정당성을 부여하기 어렵다는 점이다. K 씨가 원하는 금액을 여러 가지 객관적 자료와 합리적인 사고를 거쳐서 결정했다면 이보다 40퍼센트나 낮은 가격은 도저히 정당화시키기도 어렵거니와 상대방에게 설명할 방법도 없다.

K 씨가 시작하는 금액은 언제든지 상대방에게 정당화할 수 있어야 한다. 개인적인 협상 경험에 따르면 1억 5,300만 원(10퍼센트 낮은 가격) 혹은 1억 4,400만 원(15퍼센트 낮은 가격)쯤에서 시작하는 것이 바람직해 보인다. 물론 10퍼센트냐 15퍼센트냐 하는 것은 K 씨가 얼마나 자신의 주장을 정당화할 수 있느냐에 따라 결정해야 한다. K 씨는 1억 5,000만 원 정도에서 처음 시작하기로 결정하였다. 이 금액 밑으로 제안한다면 심리적으로 상대방의 감정을 자극할 가능성도 다분하다고 판단했기 때문이다. 비록 상대방이 아무런 반감 없이 협상의 시발점으로 1억 5,000만 원을 그대로 받아들일 가능성이 있다 하더라도 사업체 매입을 진정으로 원하고 있기에 상대방을 자극해 협상이 결렬되는 위험은 피하기로 하였다.

3. 합의 진행 단계 : 언제, 얼마나, 어떻게 주고받을 것인가?

K 씨가 먼저 제안한 1억 5,000만 원에 호프집 주인 L 씨는 2억 원 미만으로는 팔지 않겠다고 답변하였다. 처음 각자의 가격을 교환한 다음 단계는 어떻게 쌍방의 차이를 줄여 K 씨가 원하는 금액인 1억 7,000만 원 이하로 거래를 종결시킬 것인가이다. 상대방에

게서 2억 원이라는 제안을 들은 후 100만 원쯤 올려 1억 5,100만 원으로 다시 제안할 수도 있고 아니면 절반으로 똑같이 나누어서 1억 7,500만 원으로 하자고 이야기할 수도 있다.

얼마씩 가격을 주고받아야 한다는 절대적인 규칙은 없다. 그러나 위의 두 가지 모두 적절한 협상 방법은 아니다. 상대방이 반대 제안을 했다고 해서 금방 가격을 높이거나 조정을 서두를 필요는 없다. 상대방의 반대 제안을 듣는 순간부터 주고받는 과정은 시작된다.

K 씨가 가장 먼저 할 일은 상대방이 제안한 2억 원은 결코 받아들일 수 없는 금액임을 상대방이 인식하도록 만드는 것이다. 다음 단계는 K 씨가 먼저 제안한 가격에 대해 어떻게 얼마나 양보를 하는가이다. 매우 민감한 문제라서 K 씨가 처음 어떻게 반응하느냐가 계속될 협상에 많은 영향을 끼치게 된다. K 씨는 양보하는 금액을 결정하면서 다음 몇 가지 사항을 염두에 두어야 한다.

첫째, 양보는 이번 한 번으로 끝나지 않는다는 것이다. 따라서 반드시 다음에 양보할 여지를 남겨두어야 한다.

둘째, 양보를 할 때는 충분히 생색을 내면서 해야 한다. 사람들은 쉽게 얻는 것에 대해서 가치를 부여하는 데 대단히 인색하다. 어렵게 양보하는 모습이 상대방의 양보를 쉽게 끌어내는 지름길이다.

마지막으로 양보에는 반드시 합리적인 이유가 뒷받침되어야 한다. 합리적인 설명 없이 가격을 양보하면 K 씨가 처음 제안한 금액에 대한 신뢰성이 무너진다. 이 단계에서 상실한 신뢰는 다시 회복하기 어렵고, 이후 K 씨의 발언은 L 씨에게 먹히지 않을 것이다.

4. 협상 마무리 단계 : 어느 선에서 어떻게 끝낼 것인가?

여러 번의 양보와 대화를 거쳐 K 씨는 1억 6,500만 원을 주장하고 상대방은 1억 8,000만 원을 고집하고 있다. 여기까지는 탁구공이 왔다 갔다 하듯이 서로 양보해서 잘 진행되어 왔다. 그런데 이번에 양보할 차례인 호프집 주인 L 씨가 1억 8,000만 원에서 더 이상 내려오지 않는다. K 씨는 어떻게 이 마지막 차이를 좁혀야 하는가. 이 시점에 이르면 처음에 목표로 정한 금액 1억 7,000만 원보다 다소 높기는 하지만 반으로 똑같이 나누자고 제안하고 싶은 유혹에 흔들릴 수도 있다. 그러나 이러한 제안은 상대방이 받아들이지 않아도 좋다는 전제하에 가능하다.

이 시점에서 K 씨가 가장 주의 깊게 생각해야 하는 것은 왜 상대방이 더 이상 내리기를 거부하는지 그 이유를 알아내는 것이다. 단순히 더 많은 돈을 받기 위해서일까? 그러나 여기까지 진행된 상황에서 상대방이 주저하는 까닭은 단순히 더 많은 금액 외에 다른 이유가 있을 수 있다.

예를 들면 자신은 2,000만 원이나 가격을 인하했는데 상대방은 더 적은 금액을 양보했다는 데에서 오는 개인적인 자존심 때문일 수도 있다. 그러면 호프집 주인은 만약 자신이 더 가격을 내릴 경우 상대에게 끌려다닌다는 생각에 1억 8,000만 원을 고집할 수도 있다. 혹은 매사에 결정권을 부인이 가지고 있어서 임의로 가격 제안을 한다면 부인과 갈등이 생길 수 있기 때문에 주저하는 것일 수도 있다.

이제 K 씨에게 필요한 것은 협상에 대한 넓은 시야와 창조력이다. K 씨는 무엇을 협상하고 있는가? 호프 체인점 매입을 위한 가격 협상을 하고 있다. 그러나 협상에서 가격이란 수면 위에 떠 있는 빙산의 일각에 지나지 않는다. 협상의 진행을 잘 살펴보면 가격처럼 수면 위에 떠 있는 대상 이외에 양쪽 당사자 모두 만족도를 극대화할 수 있는 개인적인 감정, 그리고 상대방의 부인과 가족들도 동시에 만족시킬 수 있는 부분까지도 수면 아래에 잠겨 있음을 발견하게 된다. 눈에 보이는 것을 획득하기 위해 눈에 보이지 않는 다른 요인들까지 협상의 대상으로 삼을 줄 아는 넓은 시야가 필요한 것이다.

상대방이 자존심 때문에 추가적인 가격 인하를 꺼린다면 K 씨는 어떻게 해야 할까? 이때에는 상대방의 자존심을 살려주는 태도가 필요하다. 상대방에게 당신이야말로 강자라는 것을 인식시켜주고, 강자인 그에게 자신의 어려운 점을 이해시킬 때 K 씨가 원하는 것을 얻어낼 수 있을 것이다. 만약 결정권을 가진 부인 때문에 가격 인하를 못한다면 부인을 직접 만나 설득할 수도 있고 상대방에게 어떻게 부인을 설득할 것인지 조언할 수도 있을 것이다.

　K 씨와 같이 사업을 시작하기 위하여 일생일대의 큰 협상을 앞두고 있는 사람들에게 전하고 싶은 말이 있다. 성공적인 협상은 저절로 만들어지지 않으며, 체계적인 생각과 이에 따른 철저한 실천만이 성공적인 협상을 만들 수 있다는 것이다.

BUSINESS
NEGOTIATION

2부

성공하는
협상 전략 36계

숨겨야 할 것은 확실하게 숨겨라

1계 만천과해(瞞天過海)

만천과해瞞天過海란 '하늘을 속여서 바다를 건넌다.'라는 뜻이다. 곧이곧대로 해석하면 현실적으로는 전혀 불가능한 일이다. 그러나 속뜻은 그만큼 치밀하게 자신의 계획을 노출하지 말고 일을 진행하라는 의미로 해석할 수 있다.

수나라는 진나라를 정복할 때 양쯔강 유역에 군대를 끌고 가서는 싸움을 걸려다가 말고, 또다시 걸려다 마는 전술을 썼다. 진나라는 처음에는 군대를 정비하고 방어 태세를 갖추었으나 수나라 군대가 이러한 행동을 계속하자 나중에는 수나라가 침입하려는 기미가 보이는데도 긴장하지 않게 되었다. 그 결과, 수나라는 진나라 군대가 허술한 틈을 타서 그 땅을 정복하고 중국을 통일할 수 있었다. 수나라는 침공 계획을 치밀하게 세운 후 이를 노출하지 않기 위하여 많은 노력을 기울였기 때문에 승리할 수 있었다.

36계의 만천과해 전략은 남을 속이기 위해 꾀를 부리는 기만술과는 다르다. 오히려 치밀한 계획을 세우고 정보를 은폐하는 것에 더욱 가깝다. 따라서 협상에서의 만천과해란 목표를 위하여 정보를 은폐하고 결국 얻고자 하는 바를 얻는다는 데 그 의미가 있다.

협상에서 힘을 갖게 하는 요소 중 하나는 정보라고 할 수 있다. 여기서 정보란 자신과 상대방에 관한 모든 정보를 뜻한다. 따라서 상대방의 정보를 가능한 한 많이 알아내고, 자신의 정보를 적게 노출할수록 협상에서 성공할 확률은 더욱 높아진다.

그러나 협상을 진행하며 알게 모르게 매우 중요한 자신의 정보를 노출하는 경우가 많다. 물론 직접적으로 자신의 정보를 노출하지는 않지만, 생각 없이 내뱉는 사소한 말들이 치명적인 약점이 될 수도 있다는 점을 기억해야 한다. 따라서 협상 전문가들은 가장 중요한 덕목으로 '침묵'을 꼽기도 한다.

협상 테이블에서는 가능한 한 자신의 정보를 노출하지 말라. 그리고 자신의 정보를 공개할 때도 가능한 한 자신의 궁극적 목적은 감추고 표면만을 이야기하라.

물론 상대방이 당신의 전략을 눈치채게 해서도 안 된다. 그런데 협상이 끝난 후 상대방이 속았다는 기분이 들게 해서도 안 된다. 적당히 기술적으로 자신의 목표와 계획이 드러나지 않도록 감추어야 한다.

예를 들어 당신이 실직을 해서 집을 팔아야 하는 입장이라면 실직 사실을 이야기해서 상대방으로부터 동정을 바라는 것이 나을까? 천만의 말씀이다. 만약 상대방이 이 사실을 안다면 어차피 팔아야 할 집이라고 생각하며 가격을 더 깎으려 들 것이다. 숨길 것은 확실하게 숨기는 전략, 병법 36계에서 가르쳐주는 첫 번째 교훈이다.

상대를 압박하기보다
우회적 방법을 모색하라

2계 위위구조(圍魏救趙)

1990년대 후반에 한국 경제를 휘청이게 했던 외환위기와 같은 어려움은 많은 사람에게 달갑지 않은 것이었지만 다른 한편 부의 증식을 위한 절호의 기회가 되기도 했다. 특별히 경제가 불안정하고 변화가 심할 때는 자신이 가지고 있는 자산을 잘 활용하면 일생을 통해 가장 좋은 기회로 만들 수도 있다. 영웅은 난세에 생긴다고 한다. 부자도 그렇다. 가령 전쟁은 대부분의 사람에게 가장 어려운 시기가 되지만 전쟁으로 인해 불안정해진 사회와 경제 체제의 틈새를 잘 활용할 줄 아는 사람들에게는 오히려 부를 축적하는 최상의 기회가 되기도 한다. IMF 체제 역시 마찬가지였다. 기존에 우리가 생각해오던 경제의 틀이 한꺼번에 뒤바뀌었다고 주저 앉아 좌절만 하지 않고 정신을 바짝 차리고 난세를 적극 활용하기 위해 지혜를 모은 이에게는 기회가 있었다.

그럼에도 난세에는 부자보다도 역시 어려운 사람이 더 많이 생기기 마련이다. 안정적인 사회 속에서 튼튼했던 기업들이 힘없이 무너지고 꼼꼼하게 계획해서 집 장만을 하려던 사람들이 중도금을 마련하지 못해 계약을 파기하거나 헐값에 물건을 내놓기도 한다. 따라서 이러한 경우를 잘 이용한다면 원하는 물건을 싼값에 살 수 있는 기회를 많이 포착할 수 있다. 그러나 아무리 싼값에 살 수 있는 기회가 찾아왔다 해도 협상을 잘 해내지 못하면 기회를 놓치게 된다.

'위위구조圍魏救趙'의 협상 전략은 어려운 지경에 빠진 사람들과 협상을 진행할 때 특히 유용하게 사용할 수 있는 전략이다. '쥐도 궁지에 몰리면 고양이를 문다.'라는 속담을 기억하자. 상대방의 약점을 직접 건드려 감정을 자극하지 말고 우회적 방법으로 협상을 진행하는 전술을 사용하자. 그렇게 하면 쉽게 원하는 바를 얻을 수 있을 것이다. 어리석은 협상가의 대표적 유형은 자신의 힘을 과시하며 상대방의 입장을 고려하지 않는 사람이다.

위위구조 전술은 위나라에게 위협받고 있는 조나라를 구하기 위해서 위나라를 직접 침공하지 않고 포위하여 간접적으로 겁을 주어 조나라를 침범하지 못하게 한 데에서 유래한다. 만약 조나라를 구하기 위해 위나라와 전쟁을 일으킨다면 분명 그 손실이 클 것이고 또한 조나라가 패할 수 있다는 위험 요소도 생각하지 않을 수 없었다. 따라서 단순히 위를 에워싸서 위협만 가한다면 전쟁을 일으키지 않고 조나라의 침공도 억제할 수 있으니 이보다 더 좋은 방법이 있겠는가. 이는 침공할 힘이 없어서가 아니라 더 좋은 방법이 있는데 구태여 어려운 전쟁을 일으킬 필요가 없기 때문이었다.

이 전술이 협상과 관련하여 구체적으로 의미하는 바는 자명하다. 자신이 힘의 우위에서 협상을 진행할 수 있다고 할지라도 상대방을 직접 압박하는 방법을 취하기에 앞서 보다 지혜롭게 문제를 해결할 수 있는 우회적인 방법을 모색하라는 것이다. 흔히 '하나는 알고 둘은 모른다.'는 말을 하곤 한다. 이는 오직 한 가지 방법에만 치우쳐 여러 가지 해결 방법을 놓치는 사람을 두고 하는 말이다. 협상에서도 너무 자신의 힘만 믿고 상대방을 몰아붙였다가 오히려 몇 배의 비용을 지불해야 하는 경우가 발생하는 것이 드문 일이 아니다.

협상에서 제일 중요한 것은 힘이고, 힘의 우위는 이미 결정된 상황에서 상대방이 나보다 약하다고 해서 내가 이끄는 대로 쉽게 따라올 것이라고 믿었다가는 큰코다친다. 사람에겐 감정이란 것이 있고 절대로 무시당하는 것을 좋아하지 않는다. 물론 상대방보다 월등하게 큰 힘을 가지고 있다면 협상을 우세하게 종결지을 수 있을 것이다. 그러나 상처뿐인 영광보다는 실리를 취하는 협상이 당신이 추구하는 목표가 되어야 한다.

악역을 떠맡지 마라

3계 차도살인(借刀殺人)

　'차도살인借刀殺人'은 적을 죽일 때 자신이 직접 나서기보다는 다른 사람을 이용하여 자신의 명분도 세우고 적도 제거한다는 전략이다.

　《삼국지》에 등장하는 조조는 이 전략을 가장 잘 활용한 사람 중 하나이다. 조조는 예형을 죽일 때 유표의 손을 빌려 죽였으며, 양수를 죽일 때도 '군심을 현혹했다.'라는 그럴듯한 명분을 이용해 죽였다. 이렇게 함으로써 타인으로부터 원성을 듣지 않고 자신의 목적을 달성했을 뿐 아니라 자신의 행동을 정당화할 수 있는 명분까지 얻었다.

　36계 병법의 한 가지로 사람을 죽인다는 과격한 표현을 쓰고 있지만 차도살인 전략은 일상적인 협상에서 자주 나타난다. 특히 일찍부터 주고받는 협상 문화가 발달한 서양에서는 이 전략이 매우 일반적으로 사용되고 있다.

협상 스타일을 보면 자신이 힘을 가지고 있을 때 상대방을 사정없이 몰아세워 자신이 얻고자 하는 바를 얻는 사람이 있는가 하면, 상대방을 최대한 존중하는 듯하면서도 얻고자 하는 것을 모두 얻어가는 사람도 있다. 협상에 있어서 자신이 가지고 있는 우월한 지위를 이용하여 자신이 원하는 바를 얻어내는 것은 당연하며 필요한 일이다. 그러나 중요한 것은 어떻게 자신이 가지고 있는 힘을 이용하느냐 하는 것이다. 상대방과 동등한 입장에서 협상을 진행할 때 내가 원하는 것을 얻어내기란 결코 쉬운 일이 아니다. 협상 과정에서는 서로 밀고 당기는 줄다리기를 해야 한다. 줄다리기의 승자는 항상 자기 주장을 끝까지 굽히지 않은 고집스럽고 융통성 없는 사람이다.

그런데 이렇게 고집스러운 사람이라는 인상을 심어주면서까지 자신이 원하는 바를 얻어내는 것이 장기적인 관점에서 진정 도움이 될 것인가? 아니다. 상대방에게 나쁜 인상을 심어주지 않고 자신이 원하는 것을 얻어내는 과정도 매우 중요하다. 결과가 물론 중요하지만 인간관계를 중요시할 수밖에 없는 비즈니스 환경에서 과정도 이에 못지않게 중요하다는 것이다.

대부분 비즈니스 협상은 일회성 흥정으로 끝나는 경우가 드물다. 상대방을 다시 만나게 되며, 지속적으로 사업을 해나가야 하기 때문에 적을 만드는 일만큼은 피해야 할 것이다.

그러면 어떻게 명분도 세우고 이윤도 극대화할 수 있는 차도살인 전략을 구사할 수 있을까? 서양에는 'Good Guy, Bad Guy(좋은 사람, 나쁜 사람)'라는 협상 전략이 있다. 이는 협상을 하는 데 있어서 팀을 이루어 한 사람은 악역을 담당하고 다른 사람은 착한 역할을 맡는 것을 뜻한다. 악역을 맡은 사람은 협상할 때 상대방의 기분을 생각하지 않고 상대방의 허점과 약점을 무차별적으로 지적하고 가격을 후려치는 반면, 다른 한 사람은 상대방을 생각해주는 척 악역을 담당한 자기편을 말리기도 하고 또 상대방을 달래가며 협상을 진행시켜 결국 자신의 체면도 세우고 원래 얻고자 하는 바도 얻는 전략이다.

한 예로 아파트를 사기 위해 집주인을 만나는 자리에서 P 씨의 부인이 집에 대한 험담을 늘어놓아 터무니없는 값을 부른 다음, P 씨가 집주인의 편을 드는 척하면서 애초에 자신이 생각했던 가격에 맞추는 것을 들 수 있다. 이 전략을 쓰면 상대방의 기분을 맞추어주면서도 악역을 담당한 부인의 손을 빌어 손쉽게 자신이 목표한 바를 달성할 수 있게 된다.

지혜로운 협상가는 자신이 나서서 모든 악역을 떠맡아야 한다고 생각하지 않는다. 자신의 팀에 다른 한 사람을 악역으로 등장시키거나 혹은 협상 대리인을 사용하여 명분도 세우고 목표하는 바도 얻어낸다. 성공적인 협상을 위해서는 모든 일을 혼자 할 수 있다는 생각을 버리는 것이 중요하다.

이 차도살인 전략은 당장 협상의 목표를 달성하는 데에도 도움이 되지만 특히 협상이 끝난 후에도 지속적인 관계를 유지해야 하는 경우에 매우 유용하다. 일단 협상 상대방과 관계가 나빠지면 협상 타결과 상관없이 상대방은 앞으로 내가 잘되는 모습을 보고 싶어 하지 않을 것이다.

여유를 가지고 절묘한 시기를 기다려라

4계 이일대로(以逸待勞)

중국에 '제 아무리 낮이 길다 해도 하루는 24시간이다. 낮이 길면 밤이 짧은 법이다.'라는 말이 있다. '이일대로以逸待勞'와 상통하는 속담이다. 기다리면 때가 올 터이니 여유를 가지고 그때를 기다리라는 것이다.

여기서 이일대로는 무작정 차일피일 미루는 무책임한 행동이나, 일단 문제를 회피하려는 소극적인 행동이 아니다. 상대방과 상황을 면밀하게 관찰하며 기다리다가 시기가 가장 무르익었을 때 과감하게 행동하라는 계책이다.

이 계책을 잘 이용하여 승리로 이끈 전쟁이 있다. 춘추전국시대 제나라가 노나라를 침공하였다. 전에도 몇 번 패한 적이 있는 노나라는 이번 침입에 당황하여 병법가를 찾다가 산중에 은거하던 조리를 천거받았다. 새로운 병법가는 노나라 장수와 함께 전쟁터로 나갔다. 쌍방이 대치하고 있을 때 이전의 전투에서 이긴 경험이 있는 제나라의 장수 포숙아는 전면적인 공격 명령을 하달하였다. 모든 군대가 우렁찬 함성과 북소리를 높여 쳐들어오자 노나라 장수도 이에 맞서 싸울 채비를 하였다. 이를 보던 병법가 조리는 "절대로 나가서 응전하지 말고 수비를 굳건히 해서 피해를 최소화하십시오."라고 진언하였다. 노나라가 이렇게 수비 위주로 전투를 하자 제나라는 저지망을 뚫지 못하고 퇴각하고 말았다. 다시 제나라 군사가 두 번째 공격을 했으나 처음과 마찬가지로 수비선을 돌파하지 못하였다. 또다시 세 번째 공격 명령이 떨어지자 제나라 군사들의 마음속에는 '이번에도 수비만 하고 응전을 하지 않겠지.' 하는 생각이 자리 잡았고, 진격을 하면서도 마음이 해이해져 있었다. 그러나 이때 노나라의 병법가 조리는 "지금이 나가 싸울 때입니다. 모든 힘을 다하여 응전하십시오." 하고 간하였다. 이에 따라 노나라의 병사들은 참았던 울분을 터뜨리듯 몰려 나가서 마음이 해이해진 제나라의 군사를 무찔러버렸다.

'만만디(천천히)'의 생활 습관에 젖은 중국인들은 현대 비즈니스에도 이 전략을 매우 잘 구사하였다. 그들은 자신들보다 큰 힘을 가지고 있는 외국 회사들과 협상을 할 때 기술적, 자금적 열세에도 불구하고 자신들에게 유리하도록 협상을 맺는 경우가 종종 있다. 바로 이일대로 전략을 효과적으로 구사하기 때문이다.

중국인들은 외국 회사와 협상을 할 때 가능하면 중국에서 하자고 고집한다. 외국 회사 협상 담당자들은 중국에 와서 머물면서 자신들의 경비가 소모될 뿐만 아니라 여러 가지 불편한 생활, 언어 때문에 조급한 마음을 갖게 된다. 상대방을 홈그라운드에 불러들여 여유를 가지고 상대방이 지치기를 기다린 다음 마음이 조급해지고 지친 협상 상대방을 대상으로 자기에게 유리하게 협상을 진행하는 것이다.

세계 최강대국인 미국이 가장 수치스럽게 패배한 전쟁은 베트남전이다. 이 전쟁에서 미국은 종전 협상조차 완전하게 패했다. 이 종전 협상은 시간을 효과적으로 사용하여 성공한 베트남과 성급한 태도로 실패한 미국이라는 대비로 고전적인 예가 되었다.

베트남전 종전 협상을 파리에서 할 때 미국 측 협상팀은 빠른 시일 내 협상 종결이라는 목표 아래 일주일 단위로 호텔을 예약하고 투숙하였다. 반면에 베트남 측은 협상 준비를 위해 파리 시내에 주택을 임대하였다. 여유를 가지고 협상에 임한 베트남 측은 협상을 무려 2년여 동안 지속하면서 상대방이 피곤해지기를 기다려 유리하게 협상을 종결지었다.

협상에 있어 시간은 가장 역동적인 역할을 한다. 협상 초기에는 불리했던 사안들이 시간이 흘러감에 따라 유리하게 변하는 경우가 종종 있다. 그런데도 사람들은 시간에 대한 압박감 때문에 조급해져서 불리하더라도 협상을 종결지으려고 한다.

성공적인 협상을 원한다면 여유를 가지고 상대방의 움직임을 잘 관찰하여 시기가 무르익지 않았다고 판단될 때는 산처럼 침묵하다가, 기회가 왔다고 판단될 때 파도처럼 몰아쳐야 한다. 물론 이 전술의 가장 중요한 부분은 시기를 제대로 판단할 줄 알아야 한다는 것이다.

기다리는 여유를 가지려면 협상을 미리미리 계획하고 진행하는 습관이 필요하다. 그리고 올바른 판단을 위해서는 항상 상대방에 대한 정보와 상황에 주의를 기울여야 한다.

힘의 우위에 있을 때
확실히 상대방을 공략하라

5계 진화타겁(趁火打劫)

　'진화타겁趁火打劫'은 상대방이 혼란에 빠져 있을 때 기회를 놓치
지 않고 공격하여 적을 섬멸하는 전법이다. 모든 것에는 때가 있
는 법이다. 협상을 진행하면서 시간의 흐름에 따라 자신의 강점과
약점이 그 정도가 변하는 것을 경험한다. 영원한 강자도 없으며
영원한 약자도 없다. 따라서 자신이 힘의 우위에 있을 때 기회를
놓치지 말고 효과적으로 활용하면 협상의 성공이 보장된다.

　협력사의 부도로 인해 가까운 장래에 현금흐름의 문제를 예상
한 전자부품회사 대주주 K 씨는 이 문제 해결을 위해 동분서주하
기 시작했다. 먼저 은행에서 돈을 더 빌려 당장의 유동성 위기를
넘기기 위해 시도했다. 그런데 날이 맑을 때는 우산을 빌려주고

비가 오면 우산을 내 놓으라는 것이 일반적인 금융권의 관행이지 않은가. 현금흐름에 문제가 있을 수 있다는 사실을 알게 된 은행에서 돈을 더 빌려주기는커녕 빌려간 돈조차 만기 후 연장을 해줄 수 없다는 통보를 해왔다. 결국 증자를 통해 유동성 위기를 극복하기로 방향을 정한 K 씨는 회사 설립시부터 지분 참여에 관심이 있던 투자자 L 씨에게 지분 인수에 관한 의사를 타진한다.

"내가 가지고 있는 지분 15퍼센트를 팔려고 하는데 아직도 우리 회사에 관심이 있습니까?"

"관심이 있죠. 처음 설립할 때부터 참여하고 싶어 했는데 하지 못해서 아직도 아쉬워하고 있습니다. 다만 어떤 조건으로 팔려고 하는지 그 내용이 적절하면 긍정적으로 검토해보겠습니다."

아직은 부도 위기가 목전에 닥치지 않은 K 씨는 이렇게 제안한다.

"액면가 1만 원인 주식 한 주당 가격을 10배수로 하여 주당 10만 원씩 전체 지분의 15퍼센트에 해당하는 3만 주를 30억 원에 인수하시죠. 회사의 성장성이나 이익 규모로 볼 때 아주 좋은 조건입니다."

협력업체의 부도 사실을 미리 들어 알고 있던 L 씨는 현금흐름이 문제가 될 가능성이 높아질수록 K 씨의 힘이 떨어질 것을 예상하며 말한다.

"그 조건이 나쁘지는 않지만 설립된 지 5년도 안 된 회사 가치를 10배나 인정해달라고 하시니 생각할 시간이 필요합니다."

L 씨는 K 씨의 제안에 대해 확답을 주거나 다른 제안을 하기보다는 상대방의 힘이 더 떨어지는 때를 기다리는 협상 전략을 택한다. 결국 부도 위기가 현실화될 최후의 시점에 K 씨와 L 씨는 다음과 같이 합의한다.

"30억 원이라는 현금이 필요하니 제가 30억 원을 지불하겠습니다. 그러나 매각 주식 수를 6만주, 지분의 30퍼센트로 합시다."

투자자 L 씨는 자신의 힘이 가장 커질 때까지 기다리는 진화타겁의 전술을 구사하며 최적의 협상 결과를 얻어낸 것이다.

다음은 객관적으로 볼 때 큰 힘의 우위는 아니지만 자신에게 유리한 사건이 발생하자 이를 아주 효과적으로 시의적절하게 사용한 예이다.

K 합섬의 김 부장은 남미 회사의 바이어와 수출 상담을 하고 있었다. 바이어는 원사의 공급과잉 상태를 언급하면서 계속적으로 가격 인하를 요구하고 있었다. 그때 한 장의 메모가 김 부장에게 전해졌다. 지루한 공방전에 지쳐 있던 김 부장은 정신이 번쩍 났다. 'K 합섬의 경쟁사인 미국 회사의 인도 공장에 화재 발생, 이 시간 현재 진화 작업 중'이라는 짧막한 전문이었다. 김 부장은 바이어 측에 이 사실을 알려줬다.

"미국 회사의 인도 공장에 대형 화재가 발생했습니다. 최악의 경우 2~3년 내로 복구가 안 될 수도 있고, 세계 합섬 가격은 지금의 두 배까지 뛸 것입니다."

이에 당황한 바이어는 서둘러 계약을 체결하자고 했고, 김 부장은 매우 만족스러운 가격으로 협상을 타결할 수 있었다. 다음 날 신문에는 짤막한 기사가 하나 실렸다. '인도 합섬 공장 화재, 조기 진화로 피해 미미.'

위의 사례와 같이 진화타겁 전략을 현대적 의미에서 재해석한다면 자신이 힘의 우위를 차지하고 있을 때 그 힘을 최대한 적시에 활용, 소기의 목적을 달성하는 것이라 할 수 있다.

핵심이 아닌 것으로 주의를 분산시켜라

6계 성동격서(聲東擊西)

'성동격서聲東擊西'는 동쪽을 공격하는 시늉을 하면서 적을 교란시켜 판단을 흐린 다음, 실제로는 서쪽을 쳐서 섬멸하라는 전략이다. 목적은 상대방의 판단을 방해함으로써 우리 측의 커다란 손실 없이 원하는 것을 획득하는 데 있다. 이 전략이 성공하려면 상대방의 반응에 대한 정확한 판단이 앞서야 한다. 상대방이 계책에 말려들지 않으면 몇 배의 손해를 볼 수도 있기 때문이다.

이 전략은 유언비어를 퍼뜨려 적을 교란시킨 다음 공격하거나, 상대방이 상식적으로 생각할 수 없는 허를 찌르는 등 그 방법이 다양하다. 또 작은 말썽을 피워 상대방의 힘을 분산시킴으로써 방어력을 약하게 만들 수도 있다.

협상 초보자들이 가장 저지르기 쉬운 실수는 자신의 목적을 솔직하게 털어놓는 것이다. 한국의 의류를 생산하는 회사 구매 담당자와 인도의 원면을 판매하는 수출업자 간의 물건 구매 협상을 생각해보자. 구매 담당자는 오늘 회의에서 이런 이야기를 들었다.

"앞으로 3주 내에 원면이 공장에 도착하지 않으면 생산이 중단될 수밖에 없다. 지금 원화의 평가절하로 인하여 해외 바이어들의 주문이 밀려들어 왔다. 만약 납기를 맞추지 못한다면 우리 회사의 신용에 치명타를 입게 될 것이다. 어떻게 하든지 원면이 3주 내에 공장 창고에 입고될 수 있도록 최선을 다하라."

어떤 협상가는 협상을 시작하면서 제일 먼저 자신이 원하는 것이 납기 일자이며 원면이 없으면 생산을 중단할 수밖에 없다는 이야기를 솔직하게 하면서 상대방에게 협조를 구한다. 그러나 협상 세미나를 통하여 수백 건의 협상 사례를 검토한 결과 비즈니스 협상에 있어서 자신의 약점을 드러내는 솔직함은 협상에 결코 유리하게 작용하지 않는다. 물론 겉으로는 협력하고 우호적인 태도로 협상을 하지만 언제나 자신의 입지가 강화되면 하나도 예외 없이 이를 자신들에게 유리하게 이용하려고 하는 경향을 보인다.

경험이 풍부한 협상가라면 납기가 가장 중요한 사항일지라도 납기에 대하여 강조하며 협상을 진행하기보다는 가격이나 결제 방법 등 양보해도 좋은 의제들을 강조함으로써 상대방으로 하여금 납기가 상대적으로 덜 중요하다고 인지시킬 수 있도록 한다.

자신의 진짜 목표를 상대방이 깨닫지 못하도록 하기 위하여 다른 것을 강조하는 성동격서 전략은 많은 효과를 발휘한다.

　솔직은 미덕이 아니다. 그리고 상대방의 말속에 숨겨진 저의를 파악하도록 항상 노력하라.

없어도 있는 것처럼 보이게 만들라

7계 무중생유(無中生有)

'무중생유無中生有'란 어떤 허상으로 교묘하게 적을 속여 상대방을 착각하게 만드는 기만술이라고 할 수 있다. 그러나 현대적 의미에서는 적극적으로 자신의 능력이나 재능을 상대방에게 전달하거나 자신의 약점을 효과적으로 차단하는 전략이다.

무중생유를 설명하는 예화가 있다. 청나라 때 엽천사라는 의사가 있었다. 의술도 뛰어나고 의덕醫德도 매우 훌륭했지만, 환자가 너무 없어 생계가 매우 곤란한 지경이었다. 그러던 어느 날 장천사라는 주술사가 그 마을에 오게 되었다. 장천사는 황제의 총애를 받고 백성들도 존경하는 사람이었다. 엽천사는 생각 끝에 장천사를 찾아가서 간절히 도움을 요청했다. 장천사는 심사숙고 후 모월

모일 모시에 배를 타고 마을 다리 밑으로 지나가라고 했다. 엽천사가 약속한 시간에 맞추어 그 다리 밑을 지나가자 교자矯子를 타고 가던 장천사가 황급히 교자를 멈추게 하고는 뛰어내려 지나가는 배를 향해 정중하게 예의를 갖추었다. 그의 일거일동을 지켜보고 있던 마을 사람들이 이상하게 여겨 무슨 까닭이냐고 물었다. 장천사는 "방금 다리 밑으로 지나가는 한 천의天醫를 만났기 때문이오."라고 했다. 이 말 한마디로 사람들은 모두 엽천사가 하늘에서 중생들을 구제하기 위해 내려온 의사라고 생각하기에 이르렀다. 결국 이 소문이 퍼져 엽천사의 의원은 번창하게 되었다.

의덕이 훌륭한 엽천사도 자신을 제대로 알리지 못했을 때 가치를 제대로 발휘하지 못했다. 협상에서도 마찬가지다. 자신이 가진 강점도 중요하지만 가지고 있는 강점을 어떻게 상대방에게 알리느냐 하는 점은 더욱 중요하다. 내가 아무리 많은 강점을 가지고 있더라도 상대방이 모르면 협상에서 도움이 되지 않는다. 세상에서 제일 대책 없이 무서운 사람은 물불 안 가리는 사람이다. 이는 상대방에 대해서 고려하지 않고 자신의 입장만 주장하기 때문이다. 이렇게 일방적인 주장을 하는 이유는 대부분 상대방이 어떤 강점을 가지고 있는지 모르기 때문이다. 무중생유의 협상 기술이 필요한 때가 바로 이런 사람들을 상대할 때이다.

상대방에게 자신의 강점을 알리는 것은 상당히 어려운 과제이다. 그 이유 중 하나는 자신을 홍보할 때 상대방으로부터 신뢰성을 획득하기 힘들기 때문이다. 어떻게 알려야 가장 효과적인가? 이 질문에 대한 답을 하면서 우리는 협상이 창조력을 필요로 하는 예술임을 느끼게 된다. 상대방이 신뢰하게 만들며 나의 강점을 부각시키는 방법, 예를 들면 엽천사가 장천사를 이용하여 자신의 사업을 번창하게 했듯이 자신의 힘은 물론 타인의 힘까지 효과적으로 이용할 수 있는 폭넓은 시각과 창조적인 생각이 필요하다.

무중생유의 또 다른 의미는 자기의 약점을 지나치게 의식한 나머지 협상에서 위축되지 말고 자신의 약점을 잘 포장하여 상대방에게 강점으로 인식시키는 것이다. 없는 것을 솔직하게 밝히고 자신의 약점을 고백하며 상대방의 처분을 바라는 것은 너무 자기 중심적인 발상이다. 협상은 독무獨舞가 아니라 상대방과 함께 추는 춤이다. 내가 약점이라고 생각하고 있는 점들을 상대방이 인식하지 못하게 하거나 혹은 달리 생각하게 만들 수 있다면 이는 더 이상 약점이 아니다.

자신의 시각에 국한하여 강점과 약점을 보지 말라. 어떻게 상대방에게 전달되는가에 따라 강점이 진정한 강점으로 효과를 발휘할 수 있다는 것과 약점이 더 이상 약점이 아닐 수 있다는 무중생유 전략을 명심하자.

정보의 진실을 정확히 분석하라

8계 암도진창(暗渡陳倉)

　협상을 진행할 때 유리한 고지를 점령하고 상대방을 자기 의도대로 이끌어갈 수 있는 힘은 어디에서 나오는가? 바로 정보에서 나온다. 협상에 있어서 모든 협상가들이 가장 염두에 두어야 하는 것은 정보 수집에 대한 부분이다. 협상가는 협상을 시작하기 전, 협상을 진행하며, 마지막으로 협상을 마무리하기 전 반드시 정보를 체크해야 한다. 많이 알면 많이 알수록 힘이 생긴다. 그러나 상대방에 대하여 안다는 것은 정보의 수집에 그치지 않고 정확한 분석을 전제로 하는 것이다. 동서고금을 막론하고 알려고 하는 노력과 이에 대한 방어법으로 상대방의 판단을 흐리게 하는 정보 흘리기의 모순은 언제나 협상 기술의 중요한 자리를 차지해왔다.

'암도진창暗渡陳倉'의 협상 전술은 상대방의 정보 수집 노력을 역이용함으로써 자신의 협상 위치를 유리하게 이끌 수 있는 힘을 얻는 방법이다.

다음은 중국 삼국시대의 한 일화이다. 적벽대전 후 손권은 유비가 형주荊州를 장악한 후 약속대로 돌려주지 않자 여몽을 새로 사령관으로 임명하여 형주 수복의 임무를 맡긴다. 당시 형주는 관우가 지키고 있었다. 여몽은 관우가 방비를 더욱 튼튼하게 하고 강을 따라 봉화대를 설치하여 병력을 증강시킨다는 정보를 얻었다. 여몽은 즉시 자신이 병이 났다고 거짓 소문을 퍼뜨렸다. 그런 다음 표면적으로 자리에서 물러나 육손을 그 후임으로 임명하고 자신은 막후에서 모든 작전을 지휘 감독했다. 사령관이 바뀌었다는 정보가 전해지자 관우는 육손을 무능하다고 판단하여, 그곳을 지키고 있던 방어군을 북쪽으로 이동시켜 조조의 번성을 공격하도록 했다. 관우의 행동을 예의 주시하던 여몽은 시기가 무르익었다고 판단하여 병사들을 상인으로 변장시킨 후 침투시켜 봉화대를 파괴해버린 다음, 계속 공격하여 대본영을 함락시키고 형주를 손쉽게 탈취할 수 있었다. 이에 천하의 명장 관우도 야반도주하다 최후를 맞고 말았다.

암도진창 전략과 유사한 서구식 교란 전술에 '레드헤링Red Herring (훈제 청어)'이 있다. 이는 영국의 여우 사냥 대회에서 유래한 전술이다. 사냥 대회에서 이기기 위하여 썩은 청어를 숲속에 뿌려 놓아 사냥개들이 여우 냄새를 추적하기 어렵도록 방해하는 것이다. 즉 상대방에게 과도하거나 틀린 정보를 제공하는 것이다.

협상 정보력이야말로 힘의 원천이다. 그러나 잘못된 정보는 오히려 피해를 줄 수가 있다. 그러므로 정보의 올바른 취사선택과 분석이 무엇보다도 중요하다.

'정확히 알면 이기고 잘못 알면 모르는 것만 못하다.' 정보 수집의 중요성과 정확한 분석의 중요성을 나타내는 말이다.

상대방 내분으로 인한 이익을 놓치지 마라

9계 격안관화(隔岸觀火)

'격안관화隔岸觀火'란 강 건너 불구경이라는 뜻이다. 협상에서 이 말은 상대방에게 어떠한 문제가 생기면 멀찌감치 떨어져서 지켜 보며, 이에 따르는 이익을 챙기라는 의미이다. 그런데 강 건너 불 구경을 즐기기 위해서는 지극히 당연한 두 가지 요건이 충족되어 야 한다. 하나는 내 쪽에는 불이 나서는 안 된다는 것이고 다른 하 나는 강 건너 상대 쪽에는 불이 나야 한다는 사실이다.

격안관화 전술을 잘 이용한 사람으로 전략가 조조를 들 수 있다. 원소의 아들 원상과 원희가 조조에게 패한 다음 공손강에게 투항 하여 함께 조조에게 맞서기를 희망했다. 조조의 부하들은 즉시 공 손강과 원상, 원희를 치자고 제안했으나 조조는 이를 만류했다. 지금 공손강을 칠 경우 그들이 연합하여 맞설 것이나 그대로 놓아두면 공손강이 스스로 원상과 원희의 목을 벨 것이라는 생각에서였다. 조조의 이러한 작전은 적중하여 분란이 일어난 상대편에서 공손강이 원상와 원희의 목을 베었고, 조조는 가만히 앉아서 자신의 적을 물리칠 수 있었다.

협상에 있어서 격안관화의 전술을 쓰자면 어떻게 해야 하는가? 상대방의 움직임을 봐가며 가만히 있다가 저들이 스스로 내분을 일으키면 어부지리로 이익을 챙겨야 한다. 그러므로 협상을 성공으로 이끌기 위해서는 상대방 내부의 문제점을 파악하고, 참을성 있게 지켜보다가 이를 적절히 이용하는 지혜가 필요하다. 협상을 테이블에 앉아 있는 상대방과 단둘이 하고 있다고 생각하면 절대로 훌륭한 협상가가 될 수 없다. 앞서 강조한 대로 모든 협상은 반드시 뒤에 협상에 영향을 미치는 제삼자가 존재한다. 능력 있는 협상가는 상대방의 배후에 있는 결정권자를 고려한다.

협상, 특히 비즈니스 협상에 있어서는 자신이 속한 조직의 목표를 달성하기 위하여 노력한다. 이러한 맥락에서 볼 때 격안관화 전술은 두 가지 의미로 해석될 수 있다.

하나는 능동적 의미에서 상대방 조직 내의 의견 불일치를 조장하는 방법 등을 동원하여 때를 기다리는 것이다. 또 다른 하나는 수동적 의미에서 상대방의 격안관화에 넘어가지 않도록 예방하는 것이다. 예방의 의미는 협상 준비에서 마무리까지 조직 내 의견

차로 인한 불화가 없도록 조심하는 것이다. 조직의 대표로 협상을 진행하는 사람들은 상대방을 설득하기보다 같은 조직에 속한 사람을 설득하는 것이 더 어렵다고 밝혔다. 격안관화의 대표적인 예로 남북 협상을 생각해볼 수 있다. 왜 남북 대화에서 우리가 북한에 끌려다니는 모습을 보여주는가? 이는 우리 편이라고 생각되는 사람들을 설득하는 데 실패하고 협상 테이블에 앉기 때문이다. 북한 측에서는 남한 내에 존재하는 불일치를 보면서 자신들에게 유리한 상황이 올 때까지 기다리거나 우리의 내분을 조장하는 전술을 사용하기도 한다.

협상은 혼자 하는 것이 아님을 명심하고 언제나 조직 내 여론을 수렴하여 합리적인 안이 도출되도록 해야 한다. 혹시 내부 문제가 발생한다고 하더라도 밖으로 노출되지 않도록 조심하는 세심함도 필요하다. 이와 더불어 강 건너 불구경을 하기 위해서는 강 건너에 먼저 불을 지를 수 있는 적극적인 사고방식도 필요하다.

상대방의 지나친 호의를 신뢰하지 마라

10계 소리장도(笑裏藏刀)

겉으로는 미소를 머금고 속으로는 칼을 품는 이중적인 태도를 취하라. 적이 안심하고 자신을 믿게 되기 때문에 암암리에 계책을 세우고 충분한 준비를 할 수 있게 된다. 이렇게 일을 도모하다가 기회가 오면 즉각적으로 적을 공격함으로써 이들이 미처 대응하지 못하도록 하는 전술이 '소리장도笑裏藏刀'이다.

매우 비겁하고 야비해 보이지만 많은 사람들이 이용했고, 또 지금도 이용하고 있는 계책이다. 소리장도의 가까운 역사적 예를 찾는다면 일본의 진주만 공습을 들 수 있다. 진주만을 공격하기 전 일본은 적극적인 외교를 통해 미국과 화해 무드를 연출했다. 일본은 수년간 얼굴에 웃음을 머금고 미국과의 관계를 도모하여 미국이 경계를 늦추자 지체하지 않고 진주만을 공격했다. 물론 미국은 자신들의 무방비함을 한탄했지만 이미 많은 것을 잃고 난 다음이었다.

비즈니스 세계에서 소리장도 전술만큼 보편적인 것도 없다. 비즈니스 세계가 치열한 전쟁터로 비유되는 것도 바로 이러한 상황에 기인한다. 협상은 쌍방이 각자의 목표를 가지고 이를 달성하기 위해서 모든 계략을 동원하여 상대방과 의견을 조율하는 것이다. 그러므로 상대방이 아무리 웃음과 달콤한 말로 협상에 임한다고 하더라도 그것은 자신들의 이익을 도모하기 위해서임을 항상 기억해야 한다.

한국인들은 겉과 속이 다르다고 하여 이 소리장도 계책을 매우 싫어한다. 그렇기에 외국인들은 한국인을 감정이나 목적을 감추지 못하는 협상 상대로 간주한다. 이러한 한국인들의 성향과 달리 외국 기업의 협상 담당자들은 이 계책을 매우 자연스럽게 이용한다. 특히 협상 테이블 밖의 관계를 중시하는 한국인들은 외국인들의 소리장도 계책 때문에 뒤늦게 후회하는 경우도 많다. 사적인 자리에서 상대방이 호의적인 태도를 보이면 협상의 결과도 자연히 좋을 것이라고 낙관하지만 막상 협상 테이블에서 상대방이 안면을 바꾸고 냉정하게 협상에 임하면 속았다는 생각까지 하게 된다.

그러므로 이 소리장도 전술에 당하지 않는 가장 좋은 방법은 신중한 마음가짐이다. 상대방이 아무리 호의를 보이더라도 지나치게 신뢰하지 말아야 하며, 이를 항상 테스트할 수 있는 마음가짐을 지켜야 한다. 가끔 이런 이야기를 듣는다. '자신이 손해를 보면서도 사업 상대방을 위하여 아낌없이 주었다.' 물론 이런 경우가 전혀 없지는 않을 것이다. 하지만 왜 장사꾼이 밑지면서 판다는 말을 곧이곧대로 믿어선 안 된다고들 할까? 이해관계가 얽혀 있을 때 손해를 보며 상대방의 이익을 위한다는 것이 얼마나 순진한 생각인지를 알기 때문이다.

거래가 끝난 후 속았다고 마음 상해하지 말고 상대방의 소리장도 전술에 항상 대비하는 자세가 필요하다.

큰 것을 위해 작은 것을 희생하라

11계 이대도강(李代桃僵)

옛날에 자두나무와 복숭아나무가 함께 자라고 있었는데 벌레들이 복숭아나무를 뜯어먹자 자두나무가 자신을 희생하여 대신 벌레들에게 뜯어먹히고 말라비틀어져 쓰러졌다. '이대도강李代桃僵'은 상대적으로 덜 중요한 것이 대신 희생함으로써 중요한 것을 살린다는 의미이다.

협상을 진행할 때 '무엇을 어떻게 양보할 것인가?' 하는 관점에서 이 전술을 매우 유용하게 이용할 수 있다. 협상이 존재하는 이유는 상대방과 내가 서로 다른 의견을 가지고 있으며 원하는 바또한 서로 다르기 때문이다. 따라서 협상을 타결하기 위해서는 반드시 양보해야 한다. 양보를 조금도 하지 않으면서 협상을 타결할 수 있다면 이런 사안은 사실 협상할 필요도 없이 일방적인 명령으로 해결할 수 있다. 따라서 모든 협상에는 양보를 하기도 하고 받기도 하는 기브앤테이크give and take가 연속적으로 일어난다. 이 과정에서 보다 중요한 것을 얻어내기 위하여 상대적으로 덜 중요한 것을 상대방에게 내어주는 전술이 이대도강이다. 성공적인 협상가는 이 전술을 잘 활용함으로써 상대방에게 만족을 주면서 꼭 필요한 것은 자신의 것으로 만들곤 한다.

이대도강 전술을 잘 활용하기 위해서는 정말로 자신이 원하는 바가 무엇인지를 확실히 아는 것이 필요하다. 즉 협상에 있어서 우선순위를 결정하여 가장 중요한 것을 위해 전략적으로 덜 중요한 것은 양보할 수 있어야 한다. 그러나 많은 사람들이 이러한 우선순위를 제대로 인식하지 못해서 차라리 협상을 안 하느니만 못한 결과를 낳기도 한다. 그러므로 협상에 들어가기 전에 반드시 무엇을 얻어내야 하며 이것이 얼마나 유익한지를 따져보아야 한다.

그다음으로 자신의 중요한 것을 지키기 위해 어떻게 덜 중요한 것들을 양보하는가의 문제가 남아 있다. 많은 협상가들이 양보가 아주 중요한 기술이라는 사실을 간과하곤 한다. 양보는 고도의 기술을 필요로 한다. 양보는 아주 조금씩, 가장 적절한 때 하는 것이 필요하다. 상대방이 양보를 한다고 해서 그때마다 화답하듯 양보할 필요는 없으며, 먼저 양보를 하게 되면 계속 양보하게 된다는 것도 기억해야 한다. 따라서 가능한 한 늦게 양보하되 내 편에는 큰 손실이 없고 상대방에게는 큰 이익이 되어 보이는 것을 양보해야 한다.

한 예로 미국 F 사로부터 소시지를 수입하는 한국의 H 사는 한국에서 열리는 식품전시회에 참가하기로 결정하고 F 사에게 도움을 요청했다. F 사가 금전적인 지원을 주저하자 H 사는 그 금액만큼의 소시지 지원을 요청했다. F 사는 기꺼이 H 사의 제안을 받아들였고 H 사는 어차피 돈을 지불하고 사야 하는 소시지를 무료로 제공 받음으로써 식품전시회 비용을 충당할 수 있었다. F 사 역시 커다란 부담 없이 식품전시회 참가를 지원할 수 있게 되었다. 이렇게 상대방과 자신의 상황을 정확하게 분석하면서 내세운 양보안은 두 회사 모두에게 만족스러운 결과를 가져올 수 있었다.

성공적인 협상가는 자신의 희생을 최소화하며 양보를 하고 반드시 상대방으로부터 자신이 원하는 것을 이끌어내는 사람이다.

뜻밖의 이익을 주도면밀하게
자신의 것으로 만들라

12계 순수견양(順手牽羊)

'순수견양順手牽羊' 전술은 길을 걷다가 우연히 길 잃은 양을 발견하면 그대로 끌고 집으로 데려가 자신의 것으로 삼는다는 고사에서 유래한다. 즉 예상치 못하고 얻어지는 이익을 놓치지 말고 자신의 것으로 만들어 잘 활용하라는 뜻이다.

복이 저절로 들어온다는 말도 있지만 순수견양을 조금 주의 깊게 살펴보면 어느 날 갑자기 하늘에서 떨어진 이익을 차지하기보다는 주도면밀하게 이익을 계획하고 추구하다가 기회가 생기면 즉시 차지하는 것을 의미한다는 사실을 알 수 있다. 특히 순수견양 전술을 협상에 이용할 경우에는 더욱 그러하다. 따라서 이 전술을 제대로 활용하기 위해서는 감나무 아래 누워 감이 입 안에 떨어지기를 기다리기보다 눈을 크게 뜨고 길 잃은 양이 없는지 찾아내는 노력이 필요하다.

협상에서 순수견양의 계책은 서구에서도 '니블링Nibbling'이라는 전략으로 알려져 있다. 굳이 해석한다면 '덤 얻어내기' 전략인데 협상에서 이슈가 되는 가격에만 너무 집착하지 말고 보이지 않는 서비스나 다른 부대 물품을 덤으로 얻어내는 데에 관심을 가지라는 것이다.

한국의 P 사는 수년 전 화교가 운영하는 인도네시아의 재벌 기업에 플랜트를 수출하는 협상을 마친 후, 앞으로 남고 뒤로 밑지는 장사를 했다고 후회하고 있다. P 사의 경영진은 지금까지 일본과 경쟁을 하며 출혈 수주 경쟁까지 벌이던 방식에서 적절한 가격을 받고 수출하는 정책으로 변경하였다. 이에 따라 생산 원가에 적어도 10~15퍼센트 정도의 이익을 붙이지 않으면 수출하지 않는 것이 낫다는 상부의 지침을 받은 협상 담당자는 가격 협상을 벌이면서 아주 완고하게 목표 가격을 고수하는 데 성공했다. 일본 엔화에 대한 원화의 상대적인 평가절하로 일본에 대한 경쟁력을 회복했기 때문에 목표 가격을 지키는 것은 가능했다. 환율의 변동을 주시해온 상대방이 이전 거래를 예로 들면서 지속적인 가격 인하를 요구하면서도 P 사가 제시하는 가격과 품질이 일본에 비해 크게 떨어지지 않는다는 판단 아래 마지못해 요구사항을 받아들였기 때문이다.

가격 협상이 끝난 후 인도네시아 기업은 전례를 들어가며 "이렇게 한꺼번에 가격을 인상하는 법이 어디 있느냐?"라고 불평하면서 이런저런 요구들을 해왔다. 첫째로 플랜트의 하자 보수 및 품질 보증 기간을 통상적인 1년에서 2년으로 연장해주고, 둘째로 운영에 필요한 기술을 습득하기 위하여 플랜트가 설치되는 동안 최소한 5명을 한국에서 교육해주며, 셋째로 플랜트가 설치되면 P 사에서 기술자를 파견하여 1년간 공장에 상주하면서 문제가 생길 때마다 즉시 해결할 수 있도록 조치해줄 것과 그밖에 자질구레한 여러 가지 요구를 해왔다. 그러면서 가격 인상 요구를 받아들인 자신들의 처지를 생각해달라고 하였다. 가격을 본사 정책 목표에 맞추어 달성한 P 사 협상팀은 이들의 조그만 요구들을 가볍게 받아주었다.

　그런데 플랜트 수출 계약을 체결한 후 손익 분석을 해보니 외국인의 국내 교육비, 1년에서 2년으로 연장한 품질 보증기간, 기술자 파견 요구 등에 드는 총비용이 가격을 깎아준 것에 버금가는 금액임을 알게 되었다. 가격 목표를 달성하기 위해 그렇게 애써 노력했는데 상대방이 요구하는 아주 작은 요구들을 받아주다 보니 실제로는 노력이 수포로 돌아간 것이었다.

　P 사와 협상한 인도네시아 기업처럼 덤을 얻어내는 순수견양 전술은 별도의 비용 없이 이익을 취할 수 있지만 그러한 이익을 생각해낼 수 있는 안목과 끊임없이 모색하는 노력이 필요하다.

노련한 협상가일수록 협상에서 덤을 많이 얻어낸다. 그리고 이렇게 얻어내는 덤은 가격으로 환산할 때 가격을 깎는 것 이상의 효과가 있다.

일부러 정보를 흘려
상대방의 반응을 탐지하라

13계 타초경사(打草驚蛇)

'타초경사打草驚蛇'는 풀숲을 두들겨서 뱀을 놀라게 한다는 것인데 탐색 전술을 의미한다.

적벽대전 후 주유는 유비가 강탈한 형주를 되찾고자 부심했다. 마침 유비가 상처했다는 소식이 들려오자, 주유는 유비에게 손권의 여동생과 혼인하도록 청하여 동오에 들어오게 한 후 사로잡아서 형주와 맞바꾸려는 계책을 세운다. 그러나 이를 간파한 제갈량은 주저하는 유비에게 주유의 계책을 물리칠 수 있는 방책을 일러준다. 동오에 도착한 유비는 손권의 모후에게 접근하는 한편 손권의 여동생과 혼인한다는 것을 동오의 백성들에게 널리 퍼지도록 하여 기정사실로 만드는 계책을 쓴다. 이에 손권은 당황하지 않을 수 없었다. 혼인은 단지 유비를 유인하기 위한 방편일 뿐 실제 혼인시킬 생각은 추호도 없었기 때문이다. 그러나 상황은 손권이 의도하지 못한 방향으로 나아가고 있었다. 이미 모후뿐만 아니라 동오의 백성들도 유비와 공주의 혼인을 기정사실로 받아들이고 있었기 때문이다. 이렇게 되자 주유의 계책은 수포로 돌아가고 손권은 체면상 어쩔 수 없이 자신의 여동생을 유비에게 시집 보낼 수밖에 없었다.

타초경사 전술과 상응하는 전략은 '애드벌룬 띄우기'이다. 정치판에서 흔히 행해지는 언론 플레이로, 어떤 정치적 사안에 대하여 언론에 고의적으로 정보를 유출시켜 보도되도록 한 뒤에 그에 대한 반응을 살펴보는 것이다. 즉 협상에서 민감한 사안에 대하여 넌지시 상대방에게 알려주고 상대방의 반응을 탐지하여 대응책을 마련하는 전략이다.

타초경사의 묘는 없는 사실을 날조하는 것이 아니라 이미 존재하는 작은 사실을 과장하거나 다른 모습으로 재구성하는 데 있다. 따라서 거짓이라는 비난을 받을 가능성도 적으며 상대방이 예측하지 못한 방향으로 협상을 이끌어갈 수 있다. 기업의 인수 합병과 관련해서 타초경사 전술이 어떻게 사용되었는지 살펴보자.

신규 사업에 진출하려는 A 사는 시장 진입 방법을 다각도로 연구하였다. 연구 결과 처음부터 공장을 짓고 새롭게 시작하기보다는 기존에 동일 사업을 하고 있는 C 사를 인수하는 것이 비용과 효율 면에서 가장 바람직하다는 판단을 내렸다. 이에 A 사의 신규 사업 담당자는 C 사에 접근하여 인수 의사를 타진했으나 엄청난 돈을 요구해 협상이 잘 진행되지 않았다. 이렇게 협상을 어렵게 진행하던 중 A 사는 C 사가 자금 사정이 어렵다는 소문을 들었고, 확인해본 결과 이는 일시적인 현상으로 1~2개월 후에는 곧 나아질 것이라는 보고를 받았다. 보고를 들은 A 사의 협상 담당자는 비밀리에 주위에 알고 있는 모든 사람들을 동원하여 C 사가 자금난에 시달리고 있다는 소문을 퍼뜨리도록 하였다. 이 소식이 자금 시장에 널리 유포되자 C 사는 필요한 운용 자금을 차입하는 데 더 어려움을 겪게 되었으며, 한두 달이면 넘어갈 회사의 자금 위기가 부도 위기로 발전하게 되었다. 이렇게 되자 높은 금액을 고집하던 C 사는 결국 A 사에 상당 부분을 양보하여 협상을 종결지었다. A 사가 타초경사 전술을 효과적으로 사용하여 협상을 성공적으로 마무리한 예이다. 타초경사 전술이 성공하기 위한 전제 조건은 치밀한 계획과 철저한 비밀 유지이다. A 사가 이 전술을 효과적으로 사용할 수 있었던 이유는 협상 상대방에 대한 지속적인 주변 정보 수집과 전혀 상관없어 보이는 사실을 협상과 연결시킨 창조력에 있었다. 그리고 이에 더하여 철저한 비밀 유지를 통하여 상대방이 미리 방어할 기회를 주지 않은 것이다.

단, 철저한 준비 없이 이 전술을 사용할 경우 부메랑이 되어 자신에게 손실을 가져올 가능성이 매우 높다는 점을 잊지 말아야 한다.

한 번의 실패에 좌절하지 마라

14계 차시환혼(借屍還魂)

'차시환혼借屍還魂'은 시체를 빌려 혼을 집어넣는다는 뜻으로 이미 실권을 상실한 사람을 이용하는 계책이다. 차시환혼 전술은 실패한 후에도 좌절하지 않고 궁극적으로 목적한 바를 달성해내는데 의미가 있다.

토마스 에디슨은 전구를 발명하기까지 각각 다른 방법으로 2,386번의 실험을 했다고 한다. 에디슨은 "실망스럽지 않았나요?"라는 질문을 받고 "실패할 때마다 한 걸음씩 성공에 가까워지고 있다고 생각했다."라고 대답했다. 토마스 에디슨은 최종 목표를 마음속에 늘 간직하고 있었기 때문에 실패의 과정을 극복할 수 있었다.

《회남자淮南子》 '인간훈편人間訓篇'에 다음과 같은 이야기가 실려 있다.

국경의 요새가 가까운 곳에 한 노인이 살고 있었는데 어느 날 그의 말이 도망가 오랑캐 땅으로 들어가버렸다. 사람들이 다 위로하자 그가 말했다.

"이것이 복이 될지 누가 알겠는가?"

몇 달이 지나자, 그 말이 오랑캐의 준마를 여러 마리 이끌고 돌아왔다. 사람들이 다 이를 축하하자 그가 반문했다.

"이것이 재앙이 될지 누가 알겠는가?"

집에 좋은 말이 늘어나자 그의 아들이 말타기를 즐기게 되었고, 어느 날 말을 타다 떨어져, 다리가 부러져 장애를 입게 되었다. 사람들이 다 위로하자 그가 다시 이렇게 말했다.

"이것이 어찌 복이 되지 않겠는가?"

1년 후 오랑캐들이 공격해왔다. 전쟁터 가까운 변방에 사는 젊은 이들은 모두 군대에 징발되어 오랑캐와 싸우다가 전사하고 말았다. 그러나 장애가 있는 아들은 징발을 면하여 목숨을 건질 수 있었다. '새옹지마塞翁之馬'라는 고사성어는 이 이야기에서 유래한다.

어떤 한국 회사의 협상 대리인으로 미국 회사와 라이선스 도입 협상을 진행하던 때의 일이다. 한국 회사는 미국 측에 지불할 로열티로 100만 달러 정도를 목표로 잡고 있었다. 그런데 내가 모르는 사이 미국 측은 고객과 직접 접촉하여 로열티로 목표치의 두 배에 해당하는 200만 달러를 지불하겠다는 대답을 이끌어냈다. 더 이상 협상의 여지가 없어 보이는 상황에서 새로운 전략으로 협상에 임할 수밖에 없었다. 일단 협상 대리인 자격으로 로열티 문제는 더 이상 언급하지 않고 다른 여러 가지 사안들을 협의하면서 상당한 시간을 보냈다. 미국 측에서는 우리와 협상을 진행하며 가격이 이미 결정된 것으로 생각하고 다른 경쟁자와의 접촉을 중단했다. 다른 모든 사안이 합의된 후 미국 측에서 최종 계약 체결을 요구하자 비로소 로열티 금액에 관한 사안이 다시 논의될 필요가 있음을 이렇게 제시하였다.

"제 고객이 200만 달러의 로열티 지급 약속 후 면밀하게 시장조사를 했습니다. 그러나 경기 불황과 시장 상황으로 볼 때 200만 달러의 로열티를 지급하고서는 사업의 수익성이 도저히 보장되지 않을 것 같습니다. 이 금액이 조정되지 않으면 나는 내 고객에게 사업 포기를 조언할 수밖에 없는 상황입니다."

이렇게 되자 회계연도 안에 계약을 체결해야 하는 미국 회사 측은 당황하게 되었고, 그렇다면 로열티 부분에 대하여 새롭게 협상해보자는 유화적인 접근을 하기 시작했다. 이에 로열티 협상은 원점에서 다시 출발하게 되었고, 결국 120만 달러를 지급하는 선에서 타결되었다.

한두 번의 실패를 두려워하지 않는 것, 이것이야말로 협상의 준비 단계에서 마무리 과정까지 전 과정을 통해서 협상 당사자가 지

녀야 할 기본 자세이다. 협상이 종결되지 않는 한 언제든지 실수는 만회할 수 있다. 협상은 계약서에 도장을 찍는 그 순간까지 한 편의 영화처럼 변화무쌍한 것이다. 순간순간 급변하는 상황 변화에 일희일비할 게 아니라 태산같이 흔들림 없는 마음으로 협상에 임해야 한다. 협상은 계약서에 서명할 때 비로소 끝이 난다.

자신에게 유리한 시간과 장소를 택하라

15계 조호이산(調虎離山)

'조호이산調虎離山'은 호랑이를 산에서 넓은 들로 끌어내어 힘을 못 쓰게 되었을 때 쏘아 죽인다는 뜻이다. 이것은 적에게 불리한 환경으로 적을 끌어내어 승리를 거두는 전술을 가리킨다. 한비자는 '호랑이가 개를 제압하는 이유는 그 이빨과 발톱이 강하기 때문이다. 만약 호랑이의 이빨과 발톱을 뽑아버리면 제아무리 호랑이라도 개에게 제압되지 않을 수 없다.'라고 말했다. 즉 강자는 그가 가진 조건과 환경 때문에 강자가 되었으므로 이러한 것들을 제거한다면 아무리 강한 자라도 약자가 된다는 가르침이다.

협상에 있어서 조호이산 전술은 매우 유용하다. 특히 상대방에 비해 자신이 열세에 처해 있다면 더욱 이 전술을 사용해야 한다.

조호이산 전술을 사용하기 위해서는 먼저 상대방의 힘과 상대방 자신을 분리해서 볼 줄 알아야 한다. 상대방이 우세하다면 그것은 그 상대방 자신의 우세가 아니라 그가 가지고 있는 조건, 상황 때문일 것이다. 그러므로 그러한 조건이나 상황을 분석하고 어떻게 배제할 수 있는지 검토한 후 조호이산의 계를 잘 쓴다면 뜻밖의 효과를 거둘 수 있다.

실제 타이완의 한 회사는 미국의 큰 회사와 전략적 제휴를 하면서 조호이산 전술을 사용하여 매우 유익한 협상 결과를 가질 수 있었다. 이 타이완 회사는 다른 어떤 요구에 앞서서 협상 장소로 타이완을 주장했다. 그래서 미국 회사의 사장은 타이완을 방문하게 되었다. 타이완에서 미국 회사의 사장은 이미 큰 회사 빌딩과 좋은 차, 수많은 직원을 거느린 위풍당당한 대표자가 아니었다. 말도 통하지 않는 낯선 곳에 떨어진 여행객에 불과해진 것이다. 이렇게 타이완 회사는 미국 회사 사장을 심리적으로 약하게 만들면서 매우 당당하게 협상에 임했다. 그리고 매우 만족할 만한 결과를 얻을 수 있었다.

협상 과정에서 담당자들이 처해 있는 상황이나 장소는 협상을 결정짓는 힘, 정보, 기술처럼 중요한 의미를 가진다. 따라서 협상의 내용만 중요한 문제일 뿐 시간과 장소가 뭐 그리 중요하겠느냐는 식의 발상은 매우 위험하다.

협상 전문가들은 협상할 때 신중하게 고려해야 할 것 중 하나로 장소의 문제를 든다. 아무리 힘이 있고 우세한 상대방이라도 그의 홈그라운드를 떠나면 위축되기 마련이다. 협상을 쉽게 이끌어가 려면 무엇보다 자신의 강점을 최대로 활용할 수 있는 장소와 시간 을 택하도록 노력하라.

인간적으로 상대의 마음을 사로잡아라

16계 욕금고종(欲擒故縱)

'욕금고종欲擒故縱'은 잡고 싶다면 잠시 느슨하게 풀어주라는 뜻이다. 이 전술을 말할 때 많은 사람들이《삼국지》에 나오는 제갈량과 맹획의 이야기를 쉽게 떠올리곤 한다. 제갈량이 압도적으로 우세한 군사력으로 맹획을 패퇴시키는 것은 너무나 쉬운 일이었을 것이다. 그러나 제갈량은 단순한 군사적 승리 이상을 원했다. 맹획을 가슴으로 감동시킴으로써 남만과 촉의 항구적인 평화 체제를 구축하고자 했다. 욕금고종 전술은 상대를 물리적으로 제압하는 것이 아니라 상대가 스스로 무릎을 꿇게 만드는 전술이다.

1989년 중국의 톈안먼(천안문) 사건 당시, 시위자들과 진압 군인들은 장시간 대치하다 보니 더운 날씨에 음료수를 나누어 마시는 등 서로 형제애를 가지게 되었다. 급기야 정부의 진압 명령이 하달되었을 때 군인들이 거부하는 사태가 발생하였고, 결국 다른 지역의 군대를 차출해 진압할 수밖에 없었다.

대개 사람들은 자동차를 구매한다거나 할 때 여러 영업소를 돌아다니면서 가격이나 부대 조건 등을 비교하고 최종적으로 결정을 내리곤 한다. 이럴 때 종종 영업사원의 태도나 친절함에 호감을 느껴 몇만 원 정도의 가격 차이는 감수하면서라도 친절한 곳에서 구매하게 된다. 이렇듯이 협상에 있어서는 눈에 보이지 않는 협상 당사자 간의 관계 형성이 매우 중요하다.

경제가 어려워지면 임대료를 내지 못하는 사람들이 늘어나게 마련이다. 이런 경우 임대료를 제때 지불하지 못하는 입주자를 내보내기 위하여 건물주가 협상을 진행하는 방식은 두 가지 유형이다. 하나는 당연한 법적 권리를 주장하며 언제까지 임대료를 지급하지 않으면 법적인 소송을 시작하겠다고 통고하는 '권리 주장형'이다. 다른 하나는 자신이 법으로 보장된 권리를 가지고 있음에도 불구하고 세입자에게 건물주로서 어려움을 설명하고 스스로 올바른 결정을 하도록 유도하는 '사정 설명형'이다. 건물주가 만약 두 가지 중 하나를 택해야 한다면 반드시 먼저 사정 설명형을 택하기를 권한다. 건물주는 법으로 보장된 권리를 가지고 있지만 임대료를 내지 않는 사람이 스스로 나가지 않아 강제로 내보내야 할 때 많은 경제적, 심리적, 시간적 고통을 감수해야 한다. 자신이 확실한 우위에 있더라도 이런 사정을 설명하여 상대방을 인간적으로 감복시킬 수 있는 사람이 훌륭한 협상가이다.

협상은 왜 하는가? 협상을 통하여 이익을 도모하기 위해서다. 자신의 비용을 최소화하며 무엇인가 얻어내기 위해서는 힘의 우위를 이용하여 굴복시키거나 상대방을 기만하기보다는 상대방에게 믿음을 주고 마음을 사로잡는 것이 중요하다.

상대방이 귀한 것으로 여기게 만들라

17계 포전인옥(抛磚引玉)

'포전인옥抛磚引玉'은 벽돌을 버림으로써 옥을 얻는다는 뜻이다. 즉 사람들이 작은 이익을 탐하는 것을 미끼로 큰 것과 바꾸어 이익을 취하라는 전술이다. 이 전술의 핵심은 상대방이 벽돌을 옥보다 귀하게 여기도록 만드는 데 있다.

한고조漢高祖가 중국을 통일한 후 주변국들의 침략으로 걱정하고 있을 때였다. 군신 중 하나인 유경은 흉노족의 왕인 모돈에게 한고조의 딸을 시집보내 평화를 도모하자는 의견을 냈다. 이에 한고조가 어떻게 오랑캐 흉노족에게 금지옥엽 공주를 시집보낼 수 있냐고 역정을 내자 유경은 궁녀 중에서 미인을 한 명 뽑아 공주로 가장하여 시집을 보내자고 했다. 미인 궁녀를 한나라 공주로 알고 맞아들인 모돈은 한나라와 평화를 도모하게 되었고, 이로 인해 한나라는 흉노족의 침략에서 벗어날 수 있었다.

여기서 공주를 대신하여 모돈에게 시집갔던 궁녀를 벽돌이라고 한다면 흉노족으로부터 얻어낸 평화는 옥이라고 할 수 있다. 그러나 이 행운은 우연이 아니라 아름다운 궁녀를 모돈이 옥으로 생각하게 만듦으로써 이루어진 것이다. 이렇게 한나라는 흉노족의 기분을 상하지 않게 하면서 자신들이 얻고자 한 바를 얻었다.

협상은 가능한 한 적게 주고 많이 받으면서도 상대방의 기분이 상하지 않게 하면 성공이다. 이를 위해서는 자신에게 별로 중요하지 않아도 중요한 것처럼 꾸며서 상대방이 많은 노력을 기울이게 해야 한다. 그리하여 상대방으로부터 정말로 중요한 것을 얻어내는 지략이 필요하다.

경제위기가 닥쳐올 것을 미리 예측한 A 사는 재무구조를 튼튼하게 만들어 위기에 잘 대처하고 있었다. 반면에 A 사에 물품을 납품하는 D 사는 현금 부족 때문에 심각한 어려움을 겪고 있었다. A 사는 D 사를 상대로 물품 구입 협상을 진행하고 있었는데, 협상이 진행되면서 D 사는 지금까지의 어음 결제 방식을 변경하여 현금으로 지급해달라고 요청하였다. A 사의 입장에서는 현금이 풍부하기 때문에 별문제 없이 변경해줄 수 있었으면서도 쉽게 요구를 들어주는 대신에 난색을 표명하였다. D 사는 반복하여 결제 방식 변경을 요청하였고, 이에 A 사는 아주 어려운 결정을 하는 듯이 생색을 내며 추가적인 가격 인하와 함께 D 사의 요청을 수용하였다. D 사의 협상 담당자들은 A 사로부터 아주 힘든 결제 방식 변경을 양보받았으므로 추가적인 가격 인하에 대하여 불만을 가지지 않았다. 상대방을 힘들게 함으로써 자신에겐 벽돌인 결제 방법을 상대방이 옥으로 생각하게 만들어 귀중한 양보를 받아낸 협상이었다.

상대 팀을 제압하려면
그 우두머리를 공략하라

18계　금적금왕(擒賊擒王)

두보의 시에서 유래한 '금적금왕擒賊擒王' 전술은 전쟁에서 이기려면 적군에서 가장 핵심이 되는 사람을 먼저 잡아야 함을 의미한다. 역사상 수많은 전쟁에서 우두머리를 잡기까지 공격을 그치지 않았던 이유도 이 때문이다. 상대방을 제압했다고 하더라도 우두머리를 잡지 못하면, 그가 훗날 다시 일을 도모하여 저항하는 예가 많았다.

여기서 우두머리란 반드시 표면적인 장군이나 수상을 말하는 것은 아니다. 그 조직에서 실질적으로 영향력을 행사하면서 핵심적인 힘을 가지고 있는 사람을 의미한다. 예를 들어 중국 삼국시대에 비록 지위로는 정상에 있었으나 매일 술과 여자에 빠져 지낸

아두보다는 그의 부하인 제갈량이 공격의 표적이 되었던 것과 같다. 제갈량은 조직 내에서도 가장 추앙받고 있었으며 적들이 가장 두려워하는 존재였기 때문이다.

한 쌍의 부부가 자동차를 사기 위하여 한 영업소에 들렀다. 여자는 조용히 있고 남자가 주로 영업사원과 차량의 성능, 가격 등 구체적인 이야기를 했다. 이 영업소의 영업사원은 남자의 취향을 맞추며 자동차를 팔려고 열심히 노력했으나 허사로 끝나고 말았다. 다른 영업소를 찾은 이 부부에게 결혼 생활을 오랫동안 해온 경험 있는 영업사원이 접근하였다. 집안의 중요한 물건인 자동차를 구매하는 데에는 조용히 있는 아내의 말 한마디가 남편의 열 마디보다 더 무게가 있다는 개인적인 경험을 가지고 있는 영업사원이었다. 그는 남편과 이야기하면서도 조용히 서 있는 여자의 취향을 생각하며 자동차의 기능과 장점을 설명하였다. 이 영업사원은 그날 쉽게 자동차 한 대를 판매할 수 있었다. 자동차의 차종을 결정하는 사람은 겉으로 결정권자처럼 보이는 남편이 아니라 조용히 있는 부인이라는 것을 경험을 통하여 익힌 영업사원의 성공적인 협상 사례이다.

협상에서도 핵심적인 사람을 사로잡는 금적금왕 전술은 매우 유용하다. 그렇기 때문에 협상을 성공적으로 수행하기 위해서는 협상 당사자가 그 조직 내에서 얼마나 영향력을 가지고 있는지, 만약 가지고 있지 않다면 누가 가장 큰 영향력을 가지고 있는지

사전에 조사해두어야 한다. 거의 영향력이 없는 당사자에게 아무리 시간과 노력을 투자해봐야 후회밖에 얻을 게 없다.

협상의 내용을 실질적으로 결정할 핵심 인물을 물색하여 그에게 접근하라. 그리고 그가 원하는 것이 무엇인지 알아내고 그를 사로잡을 수 있는 미끼를 던져서 상대방을 설득하라. 그들의 필요가 반드시 물질적이며 눈에 보이는 것이 아닐 수도 있다. 그들이 명예를 필요로 하는지 혹은 개인적으로 다른 필요를 느끼고 있는지 세밀하게 조사해야 한다. 그리고 그 조직 내에서 핵심적인 사람들과 주변 사람들, 실무를 담당하는 사람들과의 관계를 함께 파악하여 무리 없이 자신의 요구가 받아들여질 수 있도록 계획하는 준비가 필요하다.

강력한 상대는 간접 공격하라

19계 부저추신(釜底抽薪)

이 전술은 중국 북제 때 《위서魏書》를 쓴 위수魏收의 〈양조문梁朝
文〉에서 유래했는데 원래는 '추신지비 전초제근抽薪止沸, 剪草除根'이
라는 글귀이다. 이는 타는 장작을 꺼내어 물이 끓는 것을 막고, 풀
을 제거할 때는 뿌리까지 뽑는다는 뜻이다.

물을 끓게 하는 것은 불의 세기에 달려 있다. 그리고 불의 세기
는 장작에 달려 있다. 따라서 물이 펄펄 끓고 있다면 위험하게 직
접 맞설 필요가 없다. 그 물이 끓고 있는 가마 밑에서 장작을 꺼내
면 저절로 그 끓는 물을 식힐 수 있지 않은가.

'부저추신釜底抽薪'의 재미있는 예는 《서유기》에서 찾아볼 수 있
다. 손오공이 삼장법사를 보호하여 천축국으로 가면서 여러 요괴

들을 만나게 되었다. 물론 그 요괴가 손오공의 힘으로 능히 제압할 수 있는 경우는 여의봉으로 해결했지만, 도저히 힘에 겨운 상대일 때는 바로 부저추신 전술을 썼다. 즉 손오공은 상대방이 어떤 요괴인지를 알아내고 그 요괴의 주인을 직접 찾아가 그 요괴를 거두어달라고 요구했다. 이렇게 해서 손오공은 자신의 힘에 겨운 요괴를 직접 대응하지 않고 물리칠 수 있었다.

협상에서 부저추신 전술은 상대방이 가진 강점에 정면으로 맞서는 것을 피하고, 그 강점을 갖게 하는 근원을 찾아 이를 제거하는 방법으로 적용된다. 영국 정부는 크라이슬러 사의 자회사인 영국 크라이슬러를 인수했다. 당시 영국 크라이슬러 사는 오랜 적자로 회사를 매각할 수밖에 없는 상황이었다. 게다가 여러 지역과 조직으로 분할된 회사를 개별적으로 매각할 경우, 매각하는 시기에 따라 더 커다란 손해가 발생할 것이 예상되어 회사 전체를 한꺼번에 매각해야 했다. 하지만 이처럼 덩치가 큰 회사를 매입할 수 있는 당사자는 영국 정부밖에 없었다.

당연히 힘의 우위에 있는 영국 정부는 영국 크라이슬러 사의 약점을 들추어 매우 낮은 가격을 제시하였고, 크라이슬러 사는 이에 대응하여 부저추신 전술을 사용하였다. 크라이슬러 사는 영국 정부의 힘이 정치인들에게서 나온다는 것을 알고 있었다. 이에 의도적으로 많은 종업원들이 일하는 스코틀랜드 공장부터 차례로 폐쇄한다고 발표했다. 그러자 당장 직장을 잃게 될 스코틀랜드 노조가 반발하였고, 자신의 회사를 일괄 구입하도록 영국 정부에 압력을 가하기 시작했다. 결국 노조의 압력은 영국 정치인들을 움직여 영국 정부로 하여금 아주 비싼 가격에 영국 크라이슬러 사를 인수하게 만들었다.

부저추신 전술의 성공은 협상 상대방을 정확하게 판단하는 통찰력에 달려 있다. 이 통찰력은 물 위에 떠 있는 빙산의 일부처럼 눈에 보이는 상대방의 겉모습뿐 아니라 물밑에 감추어져 있는 타인과의 역학 관계를 파악하는 힘이다.

상대방의 혼란은 나의 힘이다

20계 혼수모어(混水摸魚)

'연못을 흙탕물로 만들어 물고기를 잡듯이, 상대방의 혼란을 틈타서 목적한 바를 달성하라.'

협상에서 주도권을 쥐고 성공적으로 마무리하기 위해서는 힘이 있어야 한다. 상대방을 내 의도대로 따라오게 하는 힘의 근원은 무엇인가? 평범한 협상가는 상대방과 내가 가지고 있는 힘이 협상을 시작하기 전에 이미 결정되어 있다고 생각한다. 그러나 성공하는 협상가는 힘은 주어지는 것이 아니라 만들어지는 것이라고 생각한다.

협상에서 말하는 힘의 근원은 두 가지다. 하나는 자신의 강함이고 다른 하나는 상대방의 약점이다. 언제나 상대와 함께 춤을 추는 협상에서 자신의 강함과 상대방의 약점을 동시에 생각하는 폭넓은 시야는 성공을 보장한다. '혼수모어混水摸魚'는 상대방의 약점을 조장함으로써 나의 힘을 강화하는 전술이다.

1979년 10·26 이후 우리 사회는 극도의 혼란으로 접어들었다. 서울의 봄을 맞이하여 세 김씨를 중심으로 한 정치 세력들은 정권을 잡기 위하여 치열한 경쟁을 시작하였다. 초기에는 세 김씨에 필적할 만한 어떤 정치 세력도 없었으며 감히 누구도 이들에게 도전하리라고 생각하지 못하였다. 그러나 이때 등장한 것이 정보력을 장악한 이른바 신군부 세력이다. 초기에 이 신군부 세력은 명분이나 정치적인 힘으로 봐서 도저히 세 김씨에 필적할 수 없는 약세였다. 그러나 민주화 과정에서 신군부 세력은 자신의 정보력을 바탕으로 세 김씨 간에 도에 지나친 경쟁을 유도하며 혼란을 조성하였다. 이에 더하여 '광주항쟁'이라는 지역적인 사태를 전국적으로 확대시키며 사회적 혼란을 야기하였다. 처음에는 명분이나 국민적인 지지도로 보았을 때 전혀 경쟁할 힘이 없어 보이던 신군부는 자신들이 조장한 혼란을 통하여 군사 쿠데타를 일으켜서 정권을 획득하였다.

협상의 시각에서 신군부의 정권 획득 과정을 다시 보자. 먼저 신군부는 정권 획득이라는 목표를 놓고 국민들과 협상을 하고 있었다. 국민들은 스스로를 대표하는 협상 대표자로 세 김씨를 지명하고 민주적으로 정권을 획득하도록 요구하였다. 그러나 상대방의 힘과 자신의 힘을 분석한 후 자신의 열세를 느낀 신군부는 상대방 협상 대표자와 협상을 시작하지 않았다. 대신 혼수모어 전략을 사용하여 협상 상대방인 국민들과 협상 대표자들 사이에 혼란을 조성하여 상대방의 힘을 약하게 만들고 자신의 목적을 달성했다.

현대 비즈니스의 세계에서도 혼수모어는 강력한 협상 전술이다. 〈월 스트리트Wall Street〉라는 영화를 본 적이 있다. 뉴욕의 증권 중심가인 월 스트리트를 배경으로 그곳에서 벌어지는 은밀하고 치열한 비즈니스 전략과 전술의 실체를 볼 수 있었다. 주인공은 주식 시장에 개입해 M&A 대상 기업의 주가 폭락을 조장하고, 마치 구세주처럼 등장하여 헐값에 기업을 인수·합병해버리는 전략으로 일약 월 스트리트의 거물로 성장하게 된다. 영화에서처럼 인위적으로 혼란을 조성하고 주주들과 주식 인수 협상을 진행하는 혼수모어 전술은 기업 윤리의 문제에도 불구하고 본질적으로 경쟁적 요소가 있기 마련인 협상에 매우 유용하게 사용되고는 한다.

위급한 순간에는 상대방을 속여
그곳을 벗어나라

21계 금선탈각(金蟬脫殼)

'금선탈각金蟬脫殼'이란 매미가 허물을 벗을 때 껍질에서 몸뚱이만 쏙 빠져나와 날아가는 모습에서 유래한 전술이다. 이것은 일촉즉발의 위기 상황에서 상대방의 감시를 속여 탈주에 성공한다는 의미로 쓰인다. 형세가 매우 위급한 상황에 처해 있고 극단적으로 불리한 위치에 놓여 있어서 나아갈 수도 후퇴할 수도 없는 진퇴양난의 처지에 놓여 있을 때 유용하다. 이때는 하는 수 없이 상대방을 속이고 두터운 포위망을 뚫어 훗날 재기를 기약하는 수밖에 없다.

한고조 유방이 형양에서 항우에게 포위를 당해 양식이 떨어지고 외부로부터 구원병이 오지 않아 위급존망지추危急存亡之秋의 상황에 봉착했을 때도 이 계략으로 위기를 모면했다. 유방의 모사

진평은 유방과 생김새가 닮은 무장 기신을 유방으로 변장시켜 동문으로 나아가 투항하게 했다. 항우가 이러한 속임수를 알아차렸을 때는 유방은 이미 서문을 통해 도망간 후였다.

협상에서 이 전술을 현대적으로 적용하면 다음과 같이 해석할 수 있다. 주변 상황 변화로 인하여 진행하던 협상이 그 자체로는 가치가 없어지더라도 때로는 합의에 도달할 의도 없이 표면적 협상을 지속하는 것이 필요하다.

몇 해 전 일이다. 독점적 지위를 차지하고 있던 D 사는 신규로 항공업에 진출하는 S 사를 견제하는 것이 절실하게 필요했다. 이에 D 사는 국제 항공기 시장에서 중고 비행기의 대량 구매를 추진해서 S 사의 출범 자체를 불가능하게 만들어버리는 전략을 사용했다. S 사는 매우 당황했으나 적극적으로 대응할 수밖에 없는 상황이었다. 항공사의 생명인 항공기가 걸린 문제였기 때문이다. D 사는 S 사의 중고 비행기 도입을 저지하고자 최선을 다했고, 그 결과 S 사는 진퇴양난의 어려움에 봉착하고 말았다.

이때 S 사가 쉽게 생각할 수 있었던 방법은 두 가지였다. 하나는 D 사와 경쟁을 통하여 함께 중고기 도입을 추진함으로써 예상했던 목표치보다 높은 가격으로라도 중고기를 도입하는 것이다. 다른 하나는 중고기 도입 협상을 중단하고 비용 부담은 높지만 새 비행기 구매 쪽으로 정책을 변경하는 것이었다. 어느 쪽을 선택하든 비용 부담은 늘어날 것이었다. 그런데 S 사는 창조적인 금선탈각 전술을 구사하여 경쟁사인 D 사를 난관에 빠뜨리고 자신의 이익을 극대화할 수 있는 협상 전략을 수립하여 이를 성공시켰다.

S 사의 전술은 첫째, 표면적으로는 중고 비행기 도입 협상을 진지하게 진행하여 경쟁사인 D 사로 하여금 더 많은 자금 부담을 안고 비싼 가격으로 구매하도록 유도했다. 둘째, 신형 비행기 제조 회사와 비밀리에 비행기 도입 협상을 하면서 중고기 도입을 S 사가 가지고 있는 하나의 차선책으로 제시하여 좋은 거래 조건을 이끌어냈다. 이를 간파하지 못한 D 사에서는 무리하게 자금을 동원하여 적정 대수 이상의 중고기를 도입했고, S 사는 계획했던 것보다 오히려 더 유리한 조건으로 신형기 도입 계약을 마무리했다.

위 항공기 도입 협상에서 나타난 금선탈각 전술은 S 사와 중고 비행기 판매자 사이에서 볼 수 있다. S 사는 협상이 불리하게 진행되고 있고, 상황의 변화에 의해 더 이상의 협상 진행 자체가 무의미하다고 판단했음에도 불구하고 협상 테이블을 지킴으로써 상대방과 D 사를 교란시켰다. 그런 다음 본체는 빠져나와 다른 협상을 진행했다.

협상을 진행하다 보면 상황의 변화 때문에 협상을 그만두어야 하는 경우가 있다. 이때 무조건 협상의 종결을 선언하기보다는 나의 종결 선언이 경쟁자에게 어떠한 영향을 미치는지 생각해야 한다. 그리고 표면적인 경쟁자로서 지속적인 협상을 진행하는 것이 다른 협상을 유리하게 이끄는 데 도움이 될 수도 있음을 명심해야 한다.

약한 상대라도 조심해서 다루어라

22계 관문착적(關門捉賊)

'관문착적關門捉賊'은 문을 잠그고 도적을 잡는다는 뜻으로 약소한 적은 포위하여 섬멸하라는 의미이다. 그러나 여기에서는 장래에 화근이 될 요소를 제거하라는 의미로 사용된다.

전국시대 오기嗚起가 쓴《오자嗚子》에 담긴 기록이다.

"넓은 들판으로 도망간 한 명의 적군을 잡기 위하여 천 명의 군사가 동원되었다. 절대적인 수와 힘의 우세에도 불구하고 적 하나를 추적하는 천 명의 우군은 예외 없이 두려움을 느끼며 조심스럽게 추격한다. 그 이유는 무엇일까? 적이 갑자기 나타나 자신을 해치지나 않을까 하는 두려움 때문이다."

협상 당사자 간의 상대적인 힘의 불균형은 있을 수 있지만 일방적인 불균형은 현실에서 존재하지 않는다. 가령 생산 원료를 독점 공급하는 회사와 원료 구입처와의 관계를 살펴보자. 공급업자가 모든 힘을 가진 것 같지만 구입처도 자신을 잘 돌아보면 보기보다 훨씬 큰 힘을 가지고 있다. 예를 들어 공급업자가 자신을 섣불리 다룬다면 공정거래위원회에 제소하여 공급업체를 난관에 빠뜨릴 수도 있다. 혹은 언론을 통해서 독점 공급업자의 횡포를 알림으로써 대외 이미지를 실추시키고 사업 진행에 어려움을 야기시킬 수도 있다.

사업을 시작할 때 철저한 사전 준비가 성공을 보장한다고 믿는 미국 회사들은 아시아와 관련된 사업을 하기 전 상당수가 지역 전문가들에게 교육 컨설팅을 의뢰한다. 교육을 담당하는 아시아 지역 전문 컨설턴트는 한국인의 특성에 관하여 이렇게 표현한다.

"한국인들은 일본인이나 중국인들처럼 누가 자기보다 더 우수하고 영특한지에 대해 신경을 많이 쓴다. 그래서 그들의 인간관계는 상대방의 사회적 지위에 따라 그 성격이 판이하게 달라진다. 또한 다른 동양인들처럼 체면 유지에도 대단한 관심을 기울인다. 중국인이나 일본인 같은 동양인들과 다른 한국인만의 독특한 특성은 그들의 주정주의emotionalism이다. 그래서 그들은 때때로 '아시아의 아일랜드인'이라고 불리곤 한다. 그들은 쉽게 화내고 쉽게 풀어진다. 그들은 다른 사람들 앞에서 기쁨이나 슬픔의 눈물을 보이는 유일한 동양인이다. 그들은 정열적이며 질투심이 강하고 고집이 세며, 종종 이러한 모든 특성들을 몇 분 내에 드러내곤 한다."

협상을 하다 보면 도저히 합리적으로 설명할 수 없는 작은 이유 때문에 협상이 결렬되거나 쌍방 간에 갈등이 증폭되는 장면을 자주 볼 수 있다. 특히 우리나라 사람들끼리 협상을 할 때 이런 경우가 더 자주 있다. 미국의 컨설턴트가 파악한 것처럼 체면을 중시하며 감정적인 한국인들은 협상을 하면서 상대방에게 무시당했다는 생각을 가지기 시작하면 결과가 어떻게 되든 감정적으로 대응하기 시작한다. 이런 분위기가 조성되면 쌍방이 다 같이 쓸데없는 노력과 감정을 소비하기 시작한다. 그 결과 협상 결렬로 인해 쌍방 모두 똑같은 손해를 입거나 회복할 수 없을 정도로 인간관계가 단절되고 만다.

호수가 보이는 경관 좋은 아파트 단지 내 상가를 분양받은 샐러리맨 P 씨는 직접 사업을 하기보다는 임대를 하기로 결정하였다. 마침 새로운 카페를 하고 싶었던 K 씨는 이 상가를 보고 보증금 5,000만 원, 관리비를 포함하여 월세 150만 원에 2년간 임대차 계약을 맺었다. 임차인 K 씨는 처음에는 그런대로 사업이 잘되어 약속대로 임대료를 꼬박꼬박 냈다. 하지만 주위에 대형 카페가 들어서자 사업이 어려워졌다. K 씨는 사업상 어려움을 호소하면서 작년부터 월세 지급을 미루며 월세 인하를 요구해왔다. 이런 때 P 씨가 다니던 회사에 어려움이 닥쳐 정리해고 바람이 불었고 P 씨는 퇴직할 수밖에 없는 처지에 놓였다. 퇴직 후 다른 직장을 알아봤으나 명퇴한 사람에게 관심을 보이는 곳이 없었다. 할 수 없이 자신의 사업을 구상하며 월세도 제대로 내지 않고 임대료를 깎아달라고 요구하며 귀찮게 구는 K 씨를 내보내고 직접 사업을 하기로 결정했다.

"K 사장님, 월세도 제대로 안 내고 계약 위반을 했으니 다음 달 말까지 가게를 비워주십시오. 밀린 월세는 보증금에서 제하고 드리겠습니다."

"죄송합니다. 사업이 아주 어려워서 그럽니다. 사정을 좀 봐주십시오. 저도 이 사업을 시작하기 위하여 가지고 있던 모든 재산을 투자했습니다. 있는 분이 조금 봐주셔야지요."

이렇게 시작된 협상은 임대인 P 씨의 계약에 따른 일관된 권리 주장으로 K 씨의 감정을 상하게 했다. 그러자 애원조로 나오던 K 씨도 일방적으로 당하는 입장을 바꾸어 해볼 테면 해보라는 식으로 버티기 시작했다. 뜻밖에 세입자가 강경하게 대응하자 상가 주인 P 씨도 법적 처리를 결심하게 되었지만, 막상 법적으로 대응하자니 절차가 복잡하고 비용도 만만치 않았다. 차라리 인간적으로 설득하여 시설비의 일부를 주어 내보내는 것보다 비용도 더 많이 들게 되었고, 계획했던 사업도 몇 달이나 뒤로 미룰 수밖에 없었다.

힘을 바탕으로 한 몰아붙이기식 협상 전략은 약한 상대의 강한 저항을 초래할 수밖에 없다. 약한 상대로부터 더 큰 양보를 받아내기 위해서는 강경 일변도보다 적절한 힘의 조절이 필요하다. 만약 협상을 해야 하는 상대가 있다면 아무리 약해 보여도 절대 무시하지 말고 항상 더 큰 힘이 숨어 있다고 생각하며 협상을 진행하는 것이 바람직하다. '쥐도 궁지에 몰리면 고양이를 문다.', '사냥의 대가인 사자는 작은 짐승을 잡을 때도 최선을 다한다.'는 자연의 진리를 기억하라.

상대방의 대외 관계를 분석하라

23계 원교근공(遠交近攻)

동서고금을 막론하고 멀리 있는 상대와 친하게 지내고, 가까이 있는 상대를 공격하라는 '원교근공遠交近攻'은 전쟁의 가장 기본적인 전술이었다. 전국시대 범수라는 사람은 지리적으로 멀고 가까움을 따져 협력할 대상인지 공격의 대상인지를 결정해야 한다고 했으며, 많은 사람들이 이러한 원칙을 따랐다.

중국을 최초로 통일한 진나라는 주변 나라들을 정복할 때 멀리 떨어져 있는 적과는 동맹을 맺고, 가까운 적을 치면서 나라를 통일했다. 즉 멀리 떨어져 있는 나라와 연합하여 가까운 나라를 정복한 다음에는 연합했던 나라와 가까이 있게 되면 다시 정복하는 전술을 사용하였다. 히틀러가 2차 세계대전을 일으켰을 때도 이와 같은 원교근공 전술을 사용했다. 독일이 체코를 침공했을 때만 해도 영국은 자신들이 전쟁에 개입하게 되리라고는 생각하지 못했으며, 폴란드를 침공했을 때 조금 떨어진 러시아는 몇 달간의 평화를 가질 수 있었다.

이와 같은 원교근공의 계는 자신들의 손실을 최소화하면서 차근차근 세력을 넓히고 이익을 얻는 데 가장 기본적인 방법이다. 오늘날 비즈니스 세계에서도 이러한 예가 비일비재하다. 기업들이 전략적 제휴를 통해 처음에는 동맹임을 강조하지만 자신들 목적을 달성한 후에는 어김없이 적이 되고는 한다.

협상을 할 때도 자신들이 힘이 없을 때는 웃으면서 상대방에게 많은 양보를 하면서 타결하려 들지만, 얼마 후 힘이 축적되면 안면을 바꾸고 앞서 한 약속에도 불구하고 재협상을 요구하거나 적이 되는 경우가 많다. 비즈니스 세계에서 협상을 이끌어가는 힘은 시간과 주위 상황에 따라 항상 변한다. 예컨대 은행에서 돈을 빌리기 위하여 협상을 할 경우 부도 위기에 몰려 있을 때는 부도를 막기 위한 현금을 조달할 목적으로 여러 조건들을 대폭 양보하고 협상을 마무리 짓는다. 그러나 일단 전체 부채액이 일정 수준 이상 늘어나면 이제는 힘이 은행에서 기업 쪽으로 상당 부분 이동된다. 재벌 기업이 부도 위기에 몰리면 협조융자라는 형태로 기업 경영이 건실했을 때보다 더 유리한 조건으로 돈을 빌리는 경우를 어렵지 않게 본다. 이는 시간과 환경의 변화에 따라 같은 사람이

같은 의제를 가지고 협상을 하더라도 힘의 균형은 변할 수 있다는 사실을 보여주는 예이다.

상황 변화에 따라 약속을 뒤집는 원교근공 전술에 대한 방어책은 단호한 의지 표명이다. 비즈니스 협상이란 협상을 종결하는 시점부터 각각 앞으로 일어날지 모르는 위험을 서로 분담하는 것이다. 그러므로 상황이 변화했다는, 즉 이미 약속했던 각자의 위험 분담을 다시 변경하려는 것에 대해서는 확실하게 반대 의사를 표시할 필요가 있다. 물론 때에 따라 이미 체결한 계약도 재협상을 통하여 변경해야 할 경우도 있지만 대부분의 경우 원교근공 전략을 사용하는 사람들은 습관적이다. 자신이 한 약속을 뒤집는 일을 밥 먹듯 하는 것이다.

이 전략에 넘어가지 않으려면 협상 상대방의 성향을 가늠하는 것이 중요하다. 만약 협상 상대방이 과거의 약속을 뒤집고 자신들의 이익을 취했던 자라면 지금 아무리 좋은 협상을 하고 동맹을 맺는다고 해도 배신할 가능성이 높다. 또한 협상이 잘 이루어지고 상대방과 가까워졌다고 해서 그 관계가 영원히 지속되리라고 믿어서도 안 된다. 대부분의 비즈니스 협상은 서로의 필요에 의해 상황에 맞도록 하는 것일 뿐 영원한 약속이 될 수 없다.

상대방의 체면과 명분을 세워주어라

24계 가도벌괵(假途伐虢)

'가도벌괵假途伐虢'은 길을 빌려 괵나라를 친다는 뜻이다. 지정학적으로 약소국이 두 강대국 사이에 놓인 상황에서는 두 강대국 중 한 나라가 반드시 무력으로 그 약소국을 위협하는 상황이 생기기 마련이다. 그러면 다른 강대국에서는 그 약소국의 생존 심리를 이용하여 자신의 세력을 확대할 수 있는 기회를 잡게 된다. 이것이 바로 가도벌괵 전술이다.

진나라는 괵나라를 정벌하기 위하여 우나라에게 길을 빌려달라고 청원했다. 진나라에서는 우나라를 통과하지 않으면 괵나라로 갈 수 없기 때문이었다. 전에도 진나라가 괵나라를 치기 위해 우나라에 선물을 많이 보내고 통과했던 적이 있었다. 이에 우나라의 궁지기가 우공에게 간하여 말했다.

"괵나라는 우나라의 표면입니다. 괵나라가 망하면 우나라도 반드시 따라서 망할 것입니다. 진나라를 인도해서는 안 됩니다. 한 번으로도 너무나 심한데, 그것을 두 번 되풀이해서는 안됩니다. '입술이 망하면 이가 차진다.'는 속담은 곧 우나라와 괵나라를 두고 말한 것입니다."

그러나 진나라의 뇌물을 받은 우공은 궁지기의 말을 따르지 않았다. 그 직후 진나라는 괵나라를 공격하여 멸망시키고 돌아오는 길에 우나라도 공격하여 멸망시켜버렸다.

가도벌괵의 고사는 오늘날 협상의 관점에서 이렇게 해석된다. 상대방이 승낙하기 어려운 양보를 요청할 때는 우회적인 명분을 제공하는 것이 협상을 쉽게 만든다. 이는 협동적인 협상의 관점에서 볼 때 상대방이 처해 있는 어려운 문제를 함께 풀어가는 적극적인 협상 자세와 일맥상통한다. 협상을 통하여 내가 필요한 것을 얻어내면 그만이라는, 상대방의 문제는 내 알 바가 아니라며 내 주장만 강하게 내세우는 소극적 자세는 바람직하지 않다. 필요하다면 적극적으로 상대방에게 명분을 제공하고 상대방 체면을 생각하며 문제를 함께 풀어가는 협상 전술을 적극적으로 구사하라.

상대방 체면을 고려하지 않고 힘의 우위만 믿고 밀어붙이다가 실패한 협상의 예가 있다. 미국에서 도박장 건설이 허용된 뉴저지 주 애틀랜틱시티에서 있었던 일이다. 카지노 건축 예정지에 살고 있는 한 부인에게 부동산 개발 회사는 보잘것없는 작은 주택을 팔라고 종용하게 되었다. 부동산 개발 회사에서는 일을 너무 쉽게 생각한 나머지 오랫동안 살아온 부인이 가지고 있는 그 집에 대한 애착과 자존심을 생각하지 않고 가격만 높이 제시하며 몰아붙이기식으로 주택 매매를 강요했다. 상대방의 이런 오만한 태도에 기분이 몹시 상한 부인은 절대로 건물을 팔지 않겠다고 버티기 시작했다. 이렇게 되자 그 작은 건물 하나 때문에 전체 카지노 건설 계획이 불가능해지는 상황에까지 이르게 되었다.

약한 상대와 협상할 경우 상대방 체면을 무시하고 독주하다가는 감정적 대립으로 협상이 교착 상태에 빠질 수 있다. 약한 협상 상대일지라도 체면과 명분을 세워줌으로써 상대방이 양보할 수 있도록 하는 가도벌괵 전술은 현대에도 충분히 적용할 수 있는 효과적인 방법이다.

창조적인 방법으로 상대방을 설득하라

25계 투량환주(偸梁換柱)

'투량환주偸梁換柱'는 대들보를 훔치고 기둥을 갈아 끼운다는 뜻으로 진짜 물건을 가짜로 대체하여 자기 자신의 유리한 위치를 유지하는 전술이다.

역사 속에 나타난 투량환주의 계를 찾아보자. 중국 송나라 진종의 황후에게는 아들이 없어 걱정을 하고 있었다. 이때 진종의 사랑을 받는 한 궁녀가 임신을 해서 배가 불러오고 있다는 소식을 들었다. 이에 황후는 만약 궁녀가 아들을 낳을 경우 태자로 책봉되어 그 궁녀가 황후가 되고, 자식을 낳지 못한 자신은 폐위가 될까 봐 두려워졌다. 황후는 대책을 궁리하기 시작하였고, 마침내 자신의 배에 베개를 넣고 임신한 모양을 해서 진종을 속이다가 만약 궁녀가 사내아이를 낳으면 미리 준비했던 여자아이와 바꿔치기를 하여 아들을 자신이 낳은 것처럼 꾸미겠다는 계책을 생각해냈다. 마침내 그 궁녀가 정말로 사내아이를 낳자 계획대로 실행하고 자신은 그때 맞추어 베개를 꺼내고는 아들을 낳았다고 공포하였다. 결국 황후는 이 일에 성공하여 그 궁녀가 낳은 아이를 친자식처럼 키워 태자로 봉하고, 훗날 황제가 되었는데 그가 바로 송인종이다. 이렇게 하여 그녀는 황후 자리를 평생 지킬 수 있었다.

투량환주 전술을 현대적 의미에서 재해석한다면 상대방을 속이는 기만술이 아니라, 창조적으로 상대방을 설득함으로써 소기의 목적을 달성하는 것이다. 즉 협상의 창조력을 강조하는 의미에서 투량환주 전술을 구사하면 효과적인 결과를 얻을 수 있다.

협상을 진행하다 보면 상대방의 요구를 도저히 맞출 수 없는 경우가 있다. 이럴 때 대부분의 사람들은 협상을 포기해버린다. 그러나 창조적인 사람들은 상대방의 요구를 자신이 들어줄 수 있는 것으로 바꾸도록 설득한다.

자동화 기계 설비를 주문 생산하는 S 사는 M 공장으로부터 자동화 기계 설비 판매에 관한 상담을 요청받았다. 오래전부터 자동화를 준비한 M 공장은 전문 엔지니어링 회사로부터 필요한 기계의 도면을 받아 S 사에 전달하였다. 이 도면을 받아본 S 사 기술진의 판단은 자체 기술로는 도면대로 제작이 어렵다는 것이었다. 그러나 S 사는 여기서 상담을 포기하지 않고 M 공장을 방문하여 엔지니어링 회사로부터 받은 도면에 따른 기계 설비보다 자신들이 제공하는 기계가 더 효율적이라고 설득하였다. 여러 번 설득한 결과 M 공장은 S 사에게 기계를 발주하기로 결정하였다. 바로 이것이 협상에 창조적으로 임한 결과이다. 단순히 협상 상대가 요구하는 조건만을 가지고 협상에 임하는 대신 적극적으로 상대방에게 대안을 제시해줌으로써 협상을 성공으로 이끈 사례이다.

경고는 간접적으로 하라

26계 지상매괴(指桑罵槐)

'지상매괴指桑罵槐'는 뽕나무를 가리키며 느티나무를 매도한다는 뜻이다. 즉 상대방에게 직접적으로 경고하여 반감을 불러일으키기보다는 간접적으로 경고함으로써 효과를 보는 전술이다.

전국시대 때 제나라에 순우곤이라는 말 잘하는 사람이 있었다. 그는 가끔 익살스러운 말로 국왕에게 간하여 국왕이 즐겨 받아들이도록 하였고 추호도 반감을 사지 않았다. 제나라 위왕은 재주와 지혜가 뛰어난 사람이었으나 즉위한 지 3년이 지나도록 정무보다는 주색잡기에 탐닉하였다. 이리하여 정치는 궤도를 벗어나고 관리들은 부패하여 탐욕에만 눈을 돌려 나라는 점점 쇠퇴해지고 급기야 멸망할 지경에 이르게 되었다. 왕의 잘못을 간언하고 싶어

하는 충정에 불타는 신하들이 있었지만 모두가 국왕의 권위를 두려워하여 감히 왕 앞에 나서지 못했다.

실정을 보다 못한 순우곤이 위왕에게 다음과 같이 물었다.

"위왕께서 기거하시는 궁궐 안에 있는 나무 위에 큰 새 한 마리가 내려앉은 지 3년이 되었는데, 날아다니지 않고 그저 움츠리고만 있습니다. 이 새가 왜 그러는지 아십니까?"

총명한 위왕은 이 질문이 자기를 빗대어 하는 말임을 깨달았다. 큰 새란 자기를 가리키는 뜻으로 궁정에 몸을 두고 즐거움만 일삼으며 뜻있는 일을 하고자 함이 없는 자신을 질책하는 것을 알았다. 한동안 침묵을 지키던 위왕은 순우곤에게 대답했다.

"그 새 말인가? 그대는 몰라서 그런데 그 새가 날지 않아 그렇지 한 번만 날개를 치고 날게 되면 장차 하늘을 찌를 것이고, 울지를 않아 그렇지 한 번 울게 되면 장차 사람들을 깜짝 놀라게 할 것일세."

그 후에 위왕은 칼을 뽑아 악기를 내리쳐 부수고 주색을 끊고 엄숙하게 정사를 보살피게 되었다.

협상에 임하여 상대방에게 경고할 때는 직접적으로 위협함으로써 반감을 불러일으키지 말고 우회적인 방법으로 경고함으로써 양보를 얻어낼 수 있어야 한다.

만약 협상 진행 과정에서 상대방이 지연 전술로 나왔을 때, "이런 식이면 더 이상 협상을 할 수 없습니다. 이 자리에서 결정하지 않으면 협상은 없었던 것으로 하겠습니다."라고 직설적으로 최후 통첩한다면, 상대의 반감을 불러일으키고 협상을 교착 상태에 빠뜨릴 수 있다. 그렇다면 현명한 협상가라면 어떻게 대응할까?

침대를 생산하는 B 사에서는 영국의 한 회사로부터 새로운 항균 처리 기술을 도입하기 위한 협상을 진행하고 있었다. 그런데 협상이 로열티 책정 문제에서 난항을 거듭하자 영국 측에서는 고의적으로 협상을 지연하기 시작했다. 그런 상황에서 B 사는 경쟁사에서 곧 신제품을 출시할 예정이라는 정보를 입수하게 되었다. 이에 다급해진 B 사는 궁리 끝에 영국 측에 신기술 도입 건은 이사회의 최종적 결정 사항인데, 이사회가 3주 후 열릴 계획이고, 다음 이사회는 내년에 열린다는 사실을 통보했다. 이에 영국 측에서도 더 이상 협상을 지연시킬 경우 협상 자체가 결렬될 수 있다는 판단하에 적극적으로 협상에 임하게 되었다. B 사가 직설적이고, 거친 방법으로 최후통첩하기보다는 우회적이고 부드러운 방법을 택해서 상대방의 대응을 유도한 결과였다.

어리숙함을 가장하여
상대방을 안심시켜라

27계 가치부전(假痴不癲)

어리숙함을 가장해서 상대방을 방심하게 하고 최후의 승리를 거둔다. 이것이 바로 '가치부전假痴不癲' 전술이다.

옛날에 한 사냥꾼이 호랑이를 잡기 위해 돼지로 가장하여 숲속으로 들어갔다. 이 사냥꾼을 돼지로 안 호랑이가 경계심을 풀고 접근하자 사냥꾼은 그 즉시 설치된 덫을 이용해 호랑이를 잡았다. 이렇게 머리를 써 자신의 어리숙함을 가장하여 상대방을 안심시킨 후 접근하여 자신이 원하는 바를 얻는 전술은 예로부터 많은 사람들이 사용해왔다.

중국 월나라 왕 구천은 나라가 망하게 되자 오왕에게 항복을 하고 바보 흉내를 내었다. 구천은 온갖 수모와 고초를 겪으면서도 오왕에게 아부하고 동정을 구하면서 사면을 간청했다. 오왕은 구천이 바보 같은 사람이라 절대 자신에게 복수할 만한 힘을 기를 수 없으리라는 생각에 사면해주었다. 그러나 구천은 월나라에 돌아와 10년간 준비한 끝에 오나라를 정복하고 오왕을 사로잡아 자신의 손으로 죽였다.

가치부전의 예는 현대 비즈니스 사회에서도 얼마든지 찾아볼 수 있다. 일본만 해도 전후에 피폐해진 국토에서 와신상담하며 경제 회복을 추진한 결과 유수의 경제 대국이 되었다. 만약 일본이 전후에 과거의 영광 운운하며 자존심만을 내세웠다면 현재와 같이 발전하기는 어려웠을 것이다.

이처럼 가치부전 전술을 쓰기 위해서는 장래를 내다보는 안목과 현재의 상황을 감수하는 인내가 있어야 한다. 동시에 상대방을 충분히 안심시키고 스스로도 철저한 준비가 되어야만 한다. 그리고 기회가 왔을 때 자신이 길러온 힘의 우위를 확실하게 사용해야 한다.

협상에 임할 때도 상대가 강하다면 이에 정면으로 맞서지 말고 한 발 물러서서 상대방을 안심시키는 것이 중요하다. 자신의 힘과 능력을 과시하여 상대방에게 경계심을 심어주는 사람은 훌륭한 협상가라고 할 수 없다. 협상을 하다 보면 두 부류의 상대를 만나게 된다. 한 부류는 너무 현명하고 아는 것이 많아 보여 정신을 바짝 차리지 않으면 내가 틀림없이 손해를 볼 것이라는 느낌을 주는 사람이다. 또 다른 부류는 어리숙하게 보이기 때문에 크게 경계할 필요가 없으며 상대방의 요구를 들어주더라도 나에게 손해를 끼치지 않을 것 같아 보이는 사람이다. 그런데 힘의 우위가 협상 결과에 얼마나 영향을 주는가에 대해 테스트해본 결과, 힘 있고 기술이 훌륭한 협상가가 어리숙한 상대방을 만나서 협상할 때 더 많은 양보를 한다는 사실이 밝혀졌다.

상대가 협상에 깊이 개입되도록 하라

28계 상옥추제(上屋抽梯)

사람을 지붕에 올려놓고 사다리를 치워버린다는 뜻의 '상옥추제上屋抽梯' 전술은 고의로 우군의 약점을 노출하여 적을 우군 깊숙이 쳐들어오도록 유인함으로써 선봉과 후원군을 단절시켜 완전히 사지에 빠지게 만드는 것이다.

한국전쟁 당시 유엔군은 이 상옥추제 전략에 말려 어려움에 빠지고 말았었다. 인천 상륙작전 후 한국군과 유엔군은 지리멸렬되어 북으로 도주하는 인민군을 추격하여 압록강 전선까지 갔다가 중공군의 개입으로 보급선이 차단되어 수만 명이 동사하거나 포로가 되는, 세계 전쟁사에 기록될 정도의 참패를 경험했다. 강력한 적과 정면으로 맞대응하기보다는 적을 깊숙이 유인해서 적이 스스로 붕괴하기를 기다리는 전술에 당하고 만 것이다.

상옥추제와 일맥상통하는 서양의 협상 전략으로 미끼 전략Bait & Switch이라는 것이 있다. 예를 들어 한 소비자가 신문 광고에서 컴퓨터를 파격적으로 50만 원에 세일한다는 광고를 보고 그 컴퓨터 매장을 찾았다. 그러나 판매사원은 광고에 나온 50만 원짜리 모델은 10대 한정 판매였는데 이미 매진됐다고 하면서 그보다 상위 모델인 80만 원짜리를 권했다. 여기서 50만 원짜리 모델은 소비자들을 유인하기 위한 하나의 미끼에 지나지 않고 실제로는 80만 원짜리 모델을 판매하기 위한 것이었다. 광고를 보고 찾아온 소비자들은 억울하기는 하지만 기왕 내친 걸음이라며 이 기회에 상위 모델을 구매하고 싶은 유혹에 빠지게 된다. 미끼 전략이란 이런 경우를 기대하는 광고 전략이다.

다음은 나와 가까운 K 씨에게 들은 이야기이다. K 씨는 미국에서 장비를 도입하기 위하여 세 번의 미국 출장을 다녀오는 등 협상 상대와 상당 부분 합의를 이룬 상태였다. 그런데 상대측에서 느닷없이 합의가 되지 않은 내용을 추가하지 않으면 계약을 하지 않겠다고 버티는 것이었다. 계약은 이미 서명만 남겨놓은 단계였고, K 씨는 그 계약을 추진한 책임자로서 회사 내에서의 입지, 그리고 그때까지 투자한 시간과 비용을 고려했을 때 협상을 결렬시킬 수 없는 입장이었다. 결국 K 씨는 울며 겨자 먹기식으로 계약할 수밖에 없었다.

이 전략이 효과를 발휘하는 이유는 사람들이 어떤 결정을 할 때 앞날의 결과를 판단의 기준으로 삼아야 옳다는 것을 알고 있음에도 불구하고 자신이 투자한 시간과 비용 등을 아까워하기 때문이다. 경영학의 중요한 기본적인 원칙 중 하나는 앞서 밝힌 대로 비즈니스 결정을 할 때 이미 투자한 시간과 비용에 구애받지 말라는 것이다. 많은 시간과 비용을 투자했다는 사실 때문에 상대방에게 끌려다니지 말아야 하고 반대로 상대방은 많은 시간과 비용을 투자하게 함으로써 협상의 주도권을 거머쥐어야 한다.

때로는 위협도 필요하다

29계 수상개화(樹上開花)

'수상개화樹上開花'는 나무 위에 꽃을 피운다는 것으로 사실과 달리 과장한다는 뜻이다. 수상개화 혹은 허장성세虛張聲勢 전술은 아군의 전력을 과장하여 적에게 위협을 가함으로써 양보를 받아내는 것이다. 상대방을 위협할 때는 내가 하는 위협이 상대방에게 어느 정도 효과가 있을지 면밀하게 생각하고, 위협이 그저 엄포가 아니라고 상대가 느낄 수 있도록 의지를 확실히 보여줘야 한다.

《삼국지》에서 조조는 백만 대군이 강남을 치러간다는 소문을 퍼뜨려서 손권이 아예 싸울 생각을 못하게 하고 항복을 받으려는 계획을 세웠다. 그러나 이런 위협은 제갈량에게 간파당하여 조조는 오히려 대패하여 도주하고 말았다. 소문을 들은 제갈량이 조조의 병력이 많아야 30만을 넘지 못한다는 것을 계산해낸 덕분이었다. 병법에서는 싸우지 않고 상대방을 제압하는 것을 최상으로 친다. 싸우지 않고 승리하는 방법 중 하나가 상대방을 위협함으로써 스스로 굴복하게 만드는 것이다.

조조의 실패에서 보듯이 협상에서도 이 위협 전술은 조심스럽게 사용해야만 한다. 왜 그래야 하는지 그 이유를 살펴보자.

첫째, 상대방에게 위협한 내용대로 실행할 힘이 없거나 의사가 없다는 것을 간파당하면 자신의 신뢰성은 치명적인 상처를 입게 된다. 일단 신뢰성을 상실하면 협상의 주도권은 상대방에게 넘어가버린다. 둘째, 상대방이 위협에 대해 극히 부정적인 반응을 보일 경우 협상이 결렬될 수 있다.

따라서 수상개화 전술은 협상 타결이 시간에 쫓길 때나 차라리 협상을 중도에 포기하는 것이 낫다고 생각될 때 최후통첩의 수단으로 선별적으로 사용할 때 효과를 볼 수 있다.

예전에 북한의 갑작스러운 NPTNuclear nonproliferation treaty(핵확산금지조약) 탈퇴 발표로 한반도의 위기 상황이 야기된 적이 있었다. 연이어 남북회담에서 북한 대표의 '서울 불바다' 발언 등으로 한반도에는 전운이 감도는 것 같았다. 당시 카터 전 미국 대통령의 북한 방문으로 사태는 안정 국면으로 돌아섰지만 북한 당국의 벼랑끝brinkmanship 전략의 일면을 볼 수 있는 기회였다. 핵무기 보유 여부는 차치하고 북한은 이와 같은 전략을 구사함으로써 경수로 원자로 건설 지원이라는 소기의 성과를 거둔 것이 사실이었다.

서양에도 수상개화와 유사한 비이성적 행동outrageous behavior 이용 전술이 있다. 극단적 행동이나 언어 구사를 통해서 상대방이 양보하게 만드는 것이다. 협상의 기본 원칙 중 하나는 흥분하지 말고 냉정을 유지하라는 것이다. 그러나 때로 속으로는 냉정을 유지하면서 겉으로 비이성적인 행동을 하여 상대방을 당황하게 만드는 전술도 필요하다.

초기 주도권을 잃었다고
실패를 단언하지 마라

30계 반객위주(反客爲主)

'반객위주反客爲主'는 객으로 온 사람이 오히려 주인 행세를 하며 이익을 취한다는 계책이다. 흔히 '주객전도主客顚倒'라고 하며 대부분 주인을 몰아내고 주인 행세를 하는 파렴치한 사람들을 지칭할 때 쓴다. 그러나 36계의 반객위주는 주인 스스로 자신이 가진 것을 내놓도록 만드는 계책을 일컫는다. 따라서 이 전술을 쓰기 위해서는 주인의 상황과 심리를 파악하고 움직일 수 있는 고도의 기술이 필요하다.

조호이산의 계에서 말했듯이 주인이냐 객이냐는 협상에서 매우 결정적인 영향을 미친다. 협상에서 그 장소와 시간, 의제들을 주도적으로 준비하는 주인의 역할을 하게 된다면 이미 절반을 이겼다고 보아도 좋기 때문이다. 반객위주의 계는 어쩔 수 없이 주도권을 잃고 객의 위치에서 협상을 해야 하는 사람들을 위한 것이다. 호랑이를 산에서 끌어내는 데 실패하고 스스로 호랑이 굴로 들어가야 하는 처지라면 주인의 자리를 가로채는 반객위주 전술을 써야 한다. '호랑이에게 잡혀가더라도 정신만 차리면 살 수 있다.'라는 말이 있듯이 협상 초기에 주도권을 잃었다고 해서 실패를 단언하기는 아직 이르다. 아직 절반의 가능성이 남아 있다. 반객위주의 계를 써서 약점을 강점으로 바꿀 수 있어야 한다.

1985년 미국 오리건주 포틀랜드에서 미국과 일본의 통상 회담이 열렸다. 이 회의의 주요 안건은 일본의 불공정 거래에 관한 것이었고, 회담 장소 역시 미국이었기 때문에 일본에게 불리할 수밖에 없는 상황이었다. 그러나 일본 담당자들은 당시 상황과 미국인들의 심리를 정확하게 간파하여 반객위주의 계를 쓴 결과 뜻밖의 결과를 얻을 수 있었다. 이들은 미국이 주인으로서 갖게 되는 예의와 인사치레를 교묘하게 이용하여 회담 기간 동안 일본의 불공정 거래에 대한 안건이 거의 논의되지 않도록 하는 데 성공했다. 미국인들은 손님으로 온 일본인들에게 무례한 행동을 하거나 불편한 자리를 만드는 것을 원치 않았고, 일본은 이러한 미국인들의 심리를 이용해서 그 어려움을 교묘하게 피한 것이었다. 이렇게 일본은 자신이 불리한 객의 입장에 있었음에도 불구하고 주인의 심리를 이용함으로써 협상에 성공할 수 있었다.

상대의 취향을 파악하라

31계 미인계(美人計)

적의 병력이 강하면 그 장수를 공략하고, 장수의 지모가 뛰어나면 그 예리한 통찰력을 약화시켜라. 장수의 통찰력을 약화시키려면 미녀를 이용하는 것이 최고이다. 이것이 바로 '미인계美人計'이다.

중국 동한 말 동탁은 전권을 장악하고 왕위를 찬탈할 계획을 가지고 있었다. 이에 왕윤은 국사를 걱정하며 방법을 찾던 중 자신이 친딸처럼 귀여워하던 초선이라는 기녀를 이용해 미인계를 사용하였다. 왕윤은 동탁의 수양아들 여포를 집으로 초청하여 초선을 소개했고, 초선의 미모에 마음을 빼앗긴 여포에게 첩으로 주겠다며 제의하였다. 이 제의를 들은 여포가 마음 설레며 초선을 기다리는 동안 왕윤은 초선을 여포가 아닌 동탁에게 보냈고, 동탁은 초선을 첩으로 취하였다. 여포는 자신이 사랑하는 여인이 의부의 첩으로 지내는 것을 보며 동탁에 대한 반감을 키워나갔다. 이를 보며 동탁의 참모들은 초선을 사이에 두고 의부와 수양아들 사이에 생긴 갈등을 해소하기 위해 초선을 여포에게 주라며 동탁에게 진언하였다. 하지만 초선의 미색에 빠져 판단력을 잃은 동탁은 이를 거절하였다. 결국 여포의 반감은 깊어졌고 왕윤과 여포는 힘을 합하여 동탁을 제거하였다.

아름다운 여인을 이용하여 적을 제압하는 미인계는 동서고금을 막론하고 역사의 현장에서 엄청난 위력을 발휘해왔다. 협상에 있어서도 미인계는 그 도덕적인 평가는 차치하고 효과적인 전략이다. 미인계를 현대적 의미에서 확대 재해석한다면, 협상 상대방의 취향에 맞추어 스포츠나 취미 활동 등을 같이 함으로써 상대방의 판단력을 흐리게 하거나 심리적 부채를 가지게 하는 것이다.

협상에 있어서 우호적인 분위기 조성이 협상의 성공을 위하여 무엇보다 중요하다. 우호적인 분위기를 조성하기 위한 방법 중 하나가 상대방의 개인적인 취향을 알아내서 좋아하는 것을 제공해주는 것이다. 아무리 냉정한 비즈니스맨이라 할지라도 심정적으로는 개인적으로 좋아하는 상대방과 거래를 하고 싶어 한다. 상대방에게 의혹을 품고 있거나 적대감이 있다면 협상이 매끄럽게 진행될 수 없을 것이다. 그런 의미에서 볼 때 사업하는 사람들이 골프라는 운동을 하는 것이 반드시 필요하다고 말하는 것은 상당히 설득력이 있다. 접대가 필요한 고객들이 골프를 취미로 가지고 있는 경우가 많기 때문이다. 골프를 좋아하는 고객과 같이 하루 운동을 하고 나면 이튿날 협상 테이블에서 진행되는 분위기가 달라진다.

이런 접대의 예는 현대판 미인계라 할 수 있다. 상대방이 원하는 것을 제공함으로써 마음을 편안하게 해주고 자신에 대한 심정적인 부담감을 심어주는 것이다.

이러한 미인계에 대한 방어 전략은 냉철하게 손익을 분석할 수 있는 협상 준비이다. 누가 협상을 통하여 손해를 보려고 하겠는가? 그럼에도 불구하고 접대를 여러 번 받은 후 상대방에게 대폭적으로 양보를 하여 손해를 자초한다면 이는 훌륭한 협상가가 아니다. 미인계로 나타나는 첫 번째 증상은 판단력이 떨어지는 것이다. 그러나 냉철하게 손익을 분석할 수 있는 준비가 철저하게 되어 있다면 상대방이 제공하는 미인계는 나에게 매우 유리하게 작용한다. 미인계를 사용하기 위해서 상대방은 많은 비용과 시간을 투자해야 할 것이다. 28계 상옥추제 전략에서 본 대로 많은 것을 투자한 사람은 손해를 보더라도 쉽게 포기하지 못하기 때문이다.

기꺼이 위험을 감수하여
상대방을 흔들어라

32계 공성계(空城計)

'공성계空城計'란 아군의 전력이 극도로 약한 상황일 때 상대방의 판단을 흐리게 만드는 행동을 보여줘 적이 의혹을 품게 만들어 쉽게 공격하지 못하도록 하는 전술이다.

역사상 가장 유명한 공성계는 《삼국지》에서 찾아볼 수 있다. 사마의의 대군의 기습을 받아서 절대절명의 위기에 처했을 때 제갈량은 일부러 성문을 열어놓고 자신은 성루에 올라 태연히 가야금을 타는 상황을 연출하였다. 사마의는 이를 유인책으로 판단하고 병력을 철수했다.

정세가 갑자기 위급해져서 급히 허위 진지를 구축하여 적을 속이는 이 공성계의 원리를 활용한 현대 협상의 전술로는 침묵 전술을 생각해볼 수 있다. 협상에서 침묵 전술을 가장 잘 사용하는 사람들은 일본인들로 알려져 있다. 협상을 전문으로 연구하는 하버드대학교 협상연구소에서 일본인과 협상할 때 가장 크게 당황했던 미국인들의 경험을 물어보았다. 가장 많이 나온 답변은 '내가 제안했을 때 상대방이 즉각적으로 반응을 보이지 않고 침묵으로 반응할 때'였다. 응답자들은 한결같이 상대방이 자신의 제안에 반응을 보이지 않고 상당 시간 동안 침묵을 지킬 때 '내 제안이 너무 현실과 동떨어져서 상대방이 답변을 못하는 것이 아닐까? 아무래도 내 제안을 수정해야 상대방이 반응을 보일 것 같다.'라는 생각이 들었다고 했다. 침묵 전술을 사용하는 일본인은 상대방의 제안이 자기들 생각보다 더 좋은 것이어도 속마음이나 약점을 상대방이 알지 못하게 함으로써 상대방의 판단력을 흐리는 데 성공한 것이다.

제갈량이 실상을 위장하여 적을 물리쳤듯이 침묵 전술을 통하여 상대방의 판단을 흐트러뜨려 내가 원하는 방향으로 협상을 이끌어가는 기술을 협상의 전문가라고 생각하는 많은 미국인들이 가장 대응하기 어려운 협상 기술이라고 평가한 셈이다.

공성계의 요체는 침묵 전술에서 원용된 바와 같이 상대방의 판단을 흐리게 하는 것과 위험을 과감하게 감수하는 용기이다. 제갈량이 공성계로 상대방을 물리칠 수 있었던 비결은 상대방의 판단을 흐리고자 자신의 목숨을 담보하는 위험을 감수했던 것이다. 협상에 있어서 결렬을 불사하는 적절한 용기는 자신에게 매우 큰 힘을 실어준다. 협상을 진행하다 보면 많은 사람들이 협상의 목적을 잃어버리고 타결에만 더 많은 무게를 두게 된다. 협상을 통해서 무엇인가를 얻겠다는 목표가 협상을 타결해야겠다는 목표로 변하는 순간 사람들은 협상 결렬의 위험을 피하려고 한다. 그래서 자신의 약점을 더욱 크게 생각하며 상대방에게 주도권을 넘겨주게 된다. 위험을 감수하지 못하는 협상 태도로는 결코 성공적인 결과를 얻을 수 없다.

내가 미국에 있을 때 위험을 적절하게 감수함으로써 성공적으로 협상을 마무리 짓는 것을 본 적이 있다. 동료인 S 변호사가 수임한 사건이었다. 그는 의약품 부작용으로 실명하게 된 환자의 의뢰를 받아 제약회사를 상대로 소송을 제기했다. 처음 사건을 수임했을 당시에는 문제없이 이길 수 있다고 판단했으나 재판을 준비하는 과정에서 뜻밖의 사실을 알게 되었다. 의사가 처방한 양보다 몇 배나 과다하게 그 약을 복용했다는 사실을 환자 자신이 변호사에게 털어놓은 것이다. 법정에서 배심원들에게 그 사실이 드러날 경우 한 푼도 보상받지 못할 것이 불을 보듯 뻔했다. 이에 S 변호사는 법정에서 문제를 해결하는 대신 제약회사 측 변호사와 협상을 하기로 결정했다. 치명적인 약점이 있음에도 불구하고 S 변호사는 당당하게 제약회사 측 변호사에게 거액의 보상금을 요구하며 다음과 같이 제안을 하였다.

"이 사건을 법정으로 끌고 갈 경우 우리가 승소하는 것은 확실하다. 모든 증거와 법을 검토해보아도 절대로 우리가 이길 수밖에 없는 사건이다. 다만 소송을 통해 배상을 받는다면 시간이 오래 걸릴 것 같으니 협상을 통해서 해결하는 것이 서로에게 이익이 될 것이다."

이와 같이 거액의 합의금을 요구하는 당당한 태도에 협상의 주도권을 빼앗긴 제약회사는 거액의 합의금을 주기로 하고 협상을 마무리 지었다.

만약 이 협상에서 S 변호사가 환자가 말한 약점만을 크게 생각하고 협상을 통해서 어떻게든 소액이라도 합의금을 받아야겠다고 생각하면서 위험을 회피하는 방향으로 나갔다면 상상도 할 수 없는 결과를 얻은 것이다. 또한 소액의 합의금을 제시하며 협상을 시작했다면 아마 협상 주도권이 상대방에게 넘어가서 처음 생각했던 적은 금액조차 받지 못하고 협상을 마무리 지어야 했을 것이다.

정보 수집과 보안 유지에 최선을 다하라

《손자병법》에서는 간첩을 이용하는 방법을 다음 다섯 가지로 설명하고 있다. 인간因間은 적국의 현지인을 아국의 간첩으로 이용하는 것이고, 내간內間은 적국의 관원을 아국의 정보원으로 매수하는 것이며, 반간反間은 적이 아국을 정탐하기 위해 파견한 간첩을 이용하여 반대로 적의 정보를 탐지하는 것이다. 사간死間은 적진에 들어가 거짓을 퍼뜨린 뒤 적이 그 말을 믿어 소기의 목적은 달성하나 결국에는 간첩이라는 사실이 밝혀짐으로써 간첩 자신은 적에게 죽임을 당하는 것이고, 생간生間은 특수한 인물을 이용하여 자유로이 적국을 출입시켜 정보를 얻는 것이다.

이중 '반간계反間計'는 충분히 고려되어야 할 고도의 전략이다.

협상의 이면에서는 협상 당사자 서로 간에 정보 수집력을 총동원한 치열한 정보전이 이루어지는 것이 사실이다. 가치 있는 정보를 수집해놓으면 협상을 진행하는 데 커다란 힘을 더할 수 있다. 가치 있는 정보를 철저하게 보호할 수 있으면 그것은 자신이 가진 강점은 강점대로 지키고 약점을 강점으로 이용할 수 있도록 하는 전제 조건이 된다. 실제로 무기 감축 협상이나 무역 협상의 경우 미국 측에서 그들의 엄청난 첩보력을 동원하는 것은 공공연한 사실이다. 미국 국방부 산하 국가안보국NSA은 동구권의 몰락 이후 그들의 정보 수집력을 무역 및 경제 분야에 집중시켰다. 첩보 위성과 첨단 도청 장비를 동원하여 협상 상대국 대표들이 호텔 방에서 나누는 사적인 대화나 협상 전략의 내용을 수집해 미국 측 대표에게 전달하고 있음이 밝혀진 적도 있다.

무한경쟁 시대에 산업 스파이들의 기술 훔치기는 흔히 '총성 없는 전쟁'으로 표현된다.

"H 중공업은 얼마 전 대형 엔진 생산 계획을 세웠는데 일본의 어떤 종합상사가 이를 이미 파악하고 있었다. 자체 조사를 벌인 끝에 대외비로 분류했던 초안이 관리 소홀로 흘러나간 것을 뒤늦게 알아차렸다."

"D 자동차 회사에서는 협력사에서 파견 나온 직원이 사무실이 텅 빈 점심시간을 이용, 주요 부품 도면을 본사에 팩스로 보내다 붙잡혔다."

이것은 국가안전기획부(현 국가정보원)가 수년 동안 국내외 산업체들을 대상으로 수집한 '총성 없는 경제 스파이 전쟁'의 생생한 사례들 중 일부이다.

그런데 외국 선진 기업들은 아마추어 산업 스파이에겐 철옹성과 같다. '비밀의 성'으로 불리는 IBM은 1924년 창업 이후 한 번도 회사 핵심 시설을 외부에 공개하지 않았다. 사진 촬영은 물론 모든 중요한 자료에 '내부 사용 한限'이란 경구를 써넣는다. 프라이드치킨으로 유명한 KFC 사는 11가지 향료 양념을 배합하는 비법을 사중 금고 속에 보관하고 중역 두 명에게 관리를 맡길 정도이다.

이같이 타인의 정보를 수집하려는 시도와 자신의 비밀을 지키려는 노력은 정보가 곧 힘이라는 것을 보여준다. 상대방의 약점을 알고 협상에 임하면 반드시 유리하게 협상을 끝마칠 가능성이 커진다. 나의 약점을 상대방이 알지 못하면 상대방은 내가 주장하고 요구하는 것에 대하여 정확하게 판단할 수 없을 테니 말이다. 정확한 정보를 수집하고 나의 약점이 노출되지 않도록 지키는 노력은 협상가가 가져야 할 첫 번째 덕목이다.

내게 사소해도 상대에게는
중요한 것을 찾아라

34계 고육계(苦肉計)

'고육계苦肉計'란 자신에게 스스로 상처를 입혀 그 피와 상처로써 적을 믿게 만들어 목적을 달성하는 전술이다. 이 고육계를 현대적 의미에서 재해석한다면 큰 것을 달성하기 위하여 작은 것을 버리는, 즉 대를 위해 소를 희생하는 전술이다.

'절부구조竊符救趙'라는 고사성어가 있다. 전국시대 현인으로 손꼽히는 신릉군信陵君의 고사에서 나온 말이다. 신릉군이 조나라를 위험에서 구하기 위해 임금의 병부를 훔쳐내어 위나라 군사를 이끌고 진나라 군사를 물리친 일은 너무나도 유명한 이야기이다. 그러나 결과에 상관없이 신하의 신분으로 임금을 속였으니 그것은 불충 부덕한 일이라고 볼 수 있다. 그렇다고 해도 신릉군은 나라를 위하는 길이요, 이웃을 위하는 길이요, 침략자를 응징하는 길이었기에 큰 목적을 위해서 어쩔 수 없이 그런 형식적인 도덕을 지키지 못했다. 나라를 지키는 큰 목표를 달성하기 위하여 자신이 귀하게 여기던 도덕적 가치를 버린 것이다.

고육계는 서구인들이 선호하는 윈윈 협상이 추구하는 바와 유사하다. 즉 내가 상대방에게 줄 수 있는 것이 무엇인지를 먼저 생각하고, 상대방도 자신이 받은 것이 크다고 생각하게끔 만들어 그에 상응하는 것을 양보하게 만드는 전략이다. 이와 같은 윈윈 협상은 언제나 가능하다. 그 이유는 상대방과 나의 가치 판단 기준이 다르기 때문이다. 누구나 똑같이 중요하게 생각하는 객관적인 가치란 존재하지 않는다.

세미나에서 이런 질문을 던졌다. 동전의 앞이 나오면 내가 1,000원을 주고 뒤가 나오면 나에게 500원을 주는 게임을 한다면 참가할 의사가 있느냐고. 이 질문에 한 사람도 예외 없이 참가하겠다고 답변하였다. 질문을 바꾸어 동전 앞이 나오면 1억 원, 뒤가 나오면 나에게 5,000만 원을 준다 해도 참가하겠냐고 물으니 참여하겠다고 답한 사람이 한 명도 없었다. 자기가 이길 확률이 똑같이 50퍼센트이고, 이겼을 경우 받는 돈이 졌을 때 줘야 하는 돈의 두 배라는 객관적 사실은 같은데도 상황의 변화에 따라 판단이 달라지는 것이다.

협상에 있어 고육계가 작용하는 이유는 내가 양보하는 것의 가치 기준과 받아들이는 상대방의 가치 기준이 다르기 때문이다.

다른 예를 들어 현금 100만 원을 생각해보자. 표면적으로 이 금액은 누구에게나 같은 가치를 나타내는 듯이 보이지만 실제로는 다르다. 빌 게이츠가 가진 100만 원과 직장인의 100만 원은 객관적인 수치와 상관없이 의미하는 바가 매우 다르다. 이와 같은 주관적인 가치관의 차이 때문에 언제나 윈윈 협상이 가능한 것이다. 창조적인 생각을 가지고 협상에 임한다면 나에게는 별로 의미 없는 것이 상대방에게는 커다란 의미가 있을 수 있음을 발견하는 경우가 종종 생긴다. 이런 것들을 찾아서 상대방에게 주고 반대급부를 얻어내는 기술이 바로 현대적 의미의 고육계라 할 수 있다.

강한 상대 앞에서는 힘을 모아라

35계 연환계(連環計)

연환계連環計는 합종연횡合從連橫의 전술을 의미한다. 합종연횡은 합종과 연횡의 두 외교 정책을 합한 말로 국제 무대에서의 외교적 각축전을 가리켜 쓰던 말이다. 외교 정책에 있어 이 말을 처음 들고 나온 사람은 전국시대의 유명한 소진과 장의였다. 전국시대는 이른바 칠웅七雄이 할거하던 시대로, 서쪽으로 진나라가 강대한 세력을 유지하고 있었고, 동쪽으로 나머지 여섯 나라가 남북으로 줄지어 있었다.

소진은 여섯 나라가 남북으로 합작해서 방위 동맹을 맺어 진나라에 대항하는 것이 공존공영의 길이라고 주장하여 이를 합종이라고 불렀고, 장의는 이에 맞서서 약한 나라끼리의 합종보다는 강한 진나라와 연합하여 불가침 조약을 맺는 것이 안전한 길이라고 하여 이를 연횡이라 불렀다.

소진과 장의는 모두 귀곡자의 제자였다. 소진이 먼저 이 합종책을 들고나와 군사동맹을 성공시킨 다음, 그 공으로 여섯 나라의 재상직을 한 몸에 겸하고, 자신은 종약장이 되어 동맹국의 왕들이 모인 자리에서 의장 노릇을 하게 되었다. 소진의 이 정책을 깨뜨리기 위해 각국을 개별적으로 찾아다니며 진나라와의 연합만이 안전한 길임을 설득해 소진의 합종책이 사실상 그 효력을 발휘할 수 없게 만든 것이 장의였다.

전국시대 100년의 역사는 이 합종과 연횡이 되풀이된 역사라고 해도 과언이 아니다. 이러한 연환계는 다자간 협상에 있어서 동서고금을 막론하고 강력한 협상 전술로 사용되어 왔다.

퀄컴Qualcomm 사는 스마트폰에 적용되어 사용되는 CDMA(코드분할다중접속방식)에 관한 여러 원천 기술과 특허를 보유하고 있는 회사로 독점적 지위를 가지고 있다. 한국의 삼성전자는 물론 미국의 모토롤라Motorola, 유럽의 여러 업체들 모두가 퀄컴 사의 기술을 사용하지 않고는 사업을 할 수 없는 상황이다. 기술을 독점하고 있는 기업과 해당 기술을 라이센싱해서 사용할 수밖에 없는 여러 종속적 기업 간의 협상에서는 언제나 기술을 사용해야 하는 업체들이 힘에서 밀릴 수밖에 없다. 한국의 기업들이 퀄컴 사에 지불하고 있는 기술 사용료는 매출액의 거의 6퍼센트에 해당하는 금액임에도 불구하고 한국 기업만으로 퀄컴 사에 대항하여 대등한 조건으로 협상을 진행하는 것은 쉬운 일이 아니었다. 이 상황에서 미국의 모토롤라, 유럽의 회사, 한국의 회사들이 명시적, 묵시적 합종 전략을 구사하며 퀄컴에 대항하는 전략을 구사하기 시작했다. 그렇게 하자 하나의 회사가 퀄컴 사와 협상을 진행할 때 힘에서 일방적으로 몰리던 협상 상황이 변하기 시작했다. 협상 상대방이 힘이 강하면 연합군을 만들어 내 힘을 키우는 준비를 하면 협상 테이블에서 주도권을 찾아올 수 있다.

이 연환 전략은 다자간 협상에서 매우 효과적이다. 우리나라의 건축업계에서는 연환계가 관행처럼 행해지고 있다. 즉 관급 공사 등에 입찰할 때 건축업자들이 돌아가면서 미리 낙찰자를 정해놓고 밀어주기식으로 입찰에 참여하는 것이다. 이렇게 하여 경쟁을 피하고, 스스로의 이익을 보호해왔다. 이러한 관행이 때로는 법적인 문제를 일으키기도 하지만, 협상의 관점에서 볼 때 효과적인 연환 전술이라고 할 수 있다.

때로는 협상 결렬을 선언할 용기도 필요하다

36계 주위상(走爲上)

'주위상走爲上' 전술이란 36계의 마지막 계로서 36계 중 도망이 상책이란 뜻이다. 적의 전력이 아군보다 압도적으로 우세할 때는 투항, 강화, 도주의 세 가지 방책밖에 없다. 이럴 때 투항은 완전히 패배하는 것을 의미하고, 강화는 절반의 패배를 의미하지만 도주는 결코 패배를 의미하지 않는다. 패배하지 않는다는 것은 훗날에 권토중래捲土重來의 기회를 남겨놓는 것이다. 여기서 말하는 도주란 불리한 환경을 슬기롭게 피하고 차후를 도모한다는 의미가 내포되어 있는 것이다.

협상의 목적은 협상 이전보다 나은 것을 얻기 위함이다. 협상을 하다 보면 과정에 몰입하여 협상의 목적을 잊어버리고 어떻게든 빨리 타결해야 한다는 강박관념에 빠질 수 있다. 즉 협상에 투자한 시간과 노력 때문에 협상 자체에 매달릴 가능성이 있다는 것이다. 그러나 현실적으로 협상의 타결보다 다른 곳에서 차선책을 찾는 것이 바람직할 경우에는 과감히 협상 결렬을 선언할 수 있는 용기가 필요하다.

서양인들도 주위상 전술과 유사한 데드 록dead lock 전술을 즐겨 사용하고, 아주 효과적인 전술로 평가하고 있다. 우리 말로는 '결렬 전술'이라고 표현할 수 있다. 합의가 안 되고 협상이 교착 상태에 빠졌을 때 아예 협상을 결렬시키는 것이다. 물론 마음속으로는 완전한 결렬이 아니라 작전상의 후퇴로 볼 수 있다. 즉 상대방의 요구가 물러설 수 없는 최후의 마지노선인지 시험해보고 또한 이쪽의 제안은 더 이상 양보할 게 없다는 점을 강하게 표현하는 것이다. 남북회담에서 북한이 종종 생트집을 잡아서 회담을 일방적으로 결렬시키는 것도 결렬 전술의 일종이다.

사실 협상에 있어서 한 번의 결렬은 완전한 결렬을 의미하는 것이 아니라 많은 경우 상대방을 테스트하는 과정에 지나지 않는다. 하나의 협상이 타결되기까지 보편적으로 여러 번의 결렬 위기를 겪게 마련이다. 그런 의미에서 경험 많은 훌륭한 협상가는 협상의 목적을 달성할 수 없다는 판단이 서면 지체 없이 협상 결렬을 선언하고 다음 기회를 기다린다. 힘이 부족할 때 다음 기회를 기다리며 후퇴한다는 협상 전술은 협상 첫 시작부터 마음에 새겨두어야 한다.

　협상 기술 중에서 협상을 진행하다 무익하다고 판단되면 등을 돌리고 나오는 것을 최고로 친다. 많은 사람들이 도망은 비겁한 짓이라고 비난한다. 그런데 도망가야 할 때 이를 실천에 옮기기란 매우 어려운 일이다. 후퇴를 실행에 옮기지 못해 얼마나 많은 사람들이 후회를 하는가? 병법 36계 중에서 마지막인 주위상을 최고, 최후의 수단으로 치는 데는 그만한 까닭이 있다. 후퇴하기 위해서는 올바른 상황 판단이 선행되어야 하며 주위의 체면이나 자신의 자존심 등을 극복할 수 있는 용기가 함께 필요하기 때문이다.

BUSINESS
NEGOTIATION

3부

이제 당신도
협상 전문가이다

적극적으로 협상해야 바보가 안 된다

대부분의 사람들은 협상을 준비하는 과정에서 양보할 선을 정한다.
하지만 준비된 양보라고 할지라도 상대방이 요구하지 않으면 주는 법이 없다.

하늘을 우러러 한 점 부끄러움이 없다고 생각하며 살아가는 K 씨의 모습을 보자.

K 씨는 부동산 침체기에 분양받은 아파트를 팔기로 작정했다. 자녀 교육 문제와 어수선한 정치 현상 등에서 나타나는 부조리를 보면서 다른 나라로 이민을 가기로 결정했기 때문이다. 마침 아파트 가격도 분양받았을 때보다는 많이 올라서 지금 팔면 꽤 많은 시세 차익을 남길 수 있을 것 같기도 하다. 30평대 아파트를 4억 8,000만 원에 분양받았는데, 요즘 시세를 알아보니 7억 원은 족히 나간다는 것이다. 불과 몇 년 만에 아파트 가격이 이렇게 오르자 K 씨는 집을 팔기로 작정했지만, 행복하기도 하고 조금은 미안하기

도 하다. 불로소득으로 돈을 버는 것 같아서 마음이 불편하기 때문이다.

이민 신청을 끝내고 집을 팔기 위해 부동산 중개업소를 찾아서 아파트를 시세인 7억 원에 내놓는 것이 어떻겠느냐는 의견을 이야기했다. 그러나 중개업자는 7억을 받으려면 1,000만 원을 더해 7억 1,000만 원에 내놓는 것이 좋을 것이라면서 아파트 가격이 상승 추세라고 설명했다. K 씨는 조금은 불편한 마음으로 7억 1,000만 원에 집을 내놓았다.

'7억 원에 내놓는 것도 미안한데 더 비싸게 내놓으라니……. 세상에 양심도 없지. 당신 말대로 7억 1,000만 원에 내놓지만 분양 가격에 1억 원만 더해 5억 8,000만 원만 받아도 나는 만족해. 경우에 따라서는 3,000만 원까지 더 깎아 5억 5,000만 원에 계약할 수도 있어. 나는 그렇게 돈만 알고 살아가는 사람이 아니라고.'

살고 있던 집을 팔고 아파트값이 상승하자 마음이 급했던 L 씨가 K 씨의 집을 보기 위해 찾아왔다. L 씨는 썩 만족해하는 표정으로 집을 둘러보더니 K 씨에게 이야기한다.

"말씀드리기 죄송합니다. 7억 1,000만 원에 내놓으셨다는 말씀을 들었습니다. 이민을 가시기 때문에 급매로 내놓으셨다고요. 제가 생각해도 가격이 그렇게 비싼 것 같지 않습니다. 그런데 제가 가지고 있는 돈이 부족해서요. 다 드려야 하겠습니다만, 등기 비용도 있고 이사 비용도 생각해야 하니 한 200만 원만 깎아주시면 제가 바로 계약을 하겠습니다. 부탁합니다."

이와 같은 L 씨의 제안에 대하여 하늘을 우러러 한 점 부끄러움 없이 살아간다고 자부하는 K 씨는 어떤 반응을 보일까?

가장 가능성이 높은 경우는 L 씨의 제안대로 아주 쉽게 "알겠습니다. 사정이 그러시니 그렇게 하시죠." 하고 상대방의 제안을 받아들이는 것이다. 가장 가능성이 높다고 말할 수 있는 이유는 K 씨는 평범한 사람이 아니라는 가정을 하고 있기 때문이다. 시세대로 아파트를 팔면서도 아파트값이 너무 많이 올라서 마음이 불편한 사람이라면 보통 사람은 아니다.

두 번째 가능성은 L 씨의 제안을 들으면서 "죄송합니다. 제가 7억 1,000만 원에 내놓은 것은 급해서 그렇게 내놓은 것입니다. 200만 원까지 깎아드릴 수 없고, 이사 비용으로 50만 원쯤 생각해 드리겠습니다"라고 반응하며 200만 원을 깎아달라고 하는 사람으로 하여금 가격을 올리도록 해서 조금이라도 더 받고 계약을 체결하는 것이다. 이 경우가 대부분의 사람들에게서 가장 쉽게 예상할 수 있는 경우이다. 자신이 양보할 준비가 되어 있는 것보다 더 적은 양보를 상대방이 요구하면 그보다 더 적게 주려고 뒤로 물러나는 것이 일반적이기 때문이다.

세 번째 가능성은 발생하기 매우 힘든 경우인데, "선생님은 정말이지 협상을 못하시는군요. 제가 사실 7억 1,000만 원에 부동산에 내놓았지만 5억 8,000만 원만 받아도 좋겠다는 생각을 하고 내놓은 겁니다. 원래 제가 생각했던 대로 더 깎아서 5억 8,000만 원에 드릴 테니 그렇게 하시죠."라고 대응하는 것이다. 하지만 K 씨가 아무리 한 점 부끄러움 없이 살아가고 있는 사람이라 할지라도 이렇게 자진해서 더 깎아주기는 쉽지 않을 것이다.

'법 없이도 살아갈 사람'이라는 말이 칭찬인 시대는 갔다. 이제 더 이상 상대방의 처분을 바라며 살아갈 수 있는 사회는 존재하지 않는다. 한 동네에 살면서 서로의 어려움을 이해하고 자신의 욕심을 절제하지 못하면 다른 사람들에게서 따돌림을 받던 폐쇄적인 사회에서, 이제는 평생 처음 보는 사람과 거래를 해야 하는 이동이 심한 사회에서 우리는 살고 있다.

일찍이 각국에서 이민자가 유입되어 서로 모르던 사람끼리 모여 살던 사회에서 협상 문화가 발달한 것은 당연한 사회 현상의 산물이다. 자신이 알아서 지키지 않으면 남들에게 빼앗기는 환경이었기 때문에 서로의 주장을 조율하며 살아가야 했기 때문이다. 이제 우리도 모르는 사람과 각자의 이익을 위해서 자신의 이익을 주장하고, 상대방과 합의해야 하는 시대의 한가운데 서 있는 셈이다.

아파트를 팔려고 내놓을 때는 5억 8,000만 원만 받아도 좋겠다고 생각했지만 상대방이 200만 원을 깎아달라고 요구하자 200만 원도 못 깎아주겠다고 하는 것이 비즈니스를 하는 사람들의 협상 모습이다. 아무리 양심적으로 살아가는 사람이라고 해도 상대방이 요구하는 것 이상을 자진해서 주지는 않는다.

대부분의 사람들은 협상을 준비하는 과정에서 양보할 선을 정한다. 그러나 이렇게 준비된 양보라고 할지라도 상대방이 요구하지 않으면 주는 법이 없다. 상대방의 처분을 바라기보다는 상대방이 줄 수도 있다고 준비한 것을 찾아서 요구할 수 있는 협상이 필요하다. 상대방에게 제대로 협상할 시도를 하지 못하면 협상 테이블에서 너무 많은 것을 남겨 놓고 떠날 수밖에 없다. 그렇기 때문에 상대방의 처분만 바라지 말고 요구할 것을 요구해서 얻어가는 협상의 습관과 기술을 익히는 노력이 필요한 것이다.

협상해야 할 때, 하지 말아야 할 때

한 치의 양보도 없이 자신의 주장을 끝까지 고집하는 것이 윈윈 협상을 위해
양보하는 것보다 더 훌륭한 결과를 만들어낼 때도 있다.

김건전 씨는 작년 말, 결혼 후 10년 만에 자기 집을 마련했다. 집을 마련하느라 절약에 절약을 더해온 김건전 씨는 요즘 새로운 걱정이 생겼다. 신혼 초부터 타고 다니던 자동차가 10년이 가까워지면서 자주 말썽을 부리기 시작한 것이다. 집을 사면서 은행 융자까지 받아놓은 터라 김건전 씨는 자동차를 새로 구입하기 위해 들어갈 돈부터 걱정된다. 그러나 한편으로는 10년이 넘도록 지겹게 타온 자동차를 바꿀 수 있다는 생각에 기대가 되기도 한다.

어제는 결국 출근길에 자동차가 서버렸다. 자동차를 견인해놓고 회사에 앉아서 이제는 오래된 자동차를 바꿔야 할 때라고 결정을 내렸다. 그리고 이왕이면 결혼 전부터 꿈꿔온 레저용 지프차를

사야겠다고 결심을 굳혔다.

김건전 씨는 퇴근 후 자신의 생각을 아내에게 이야기한다.

"여보, 오늘 말도 말아. 출근길에 자동차가 서버리니 참 난감하더라고. 중요한 회의에도 참석하지 못하고 말이야. 당장 자동차를 바꿔야겠어. 더구나 유지 비용이 점점 많이 들어가잖아."

"고생 많으셨네요. 당신 말이 맞아요. 이제 차를 바꿔야 할 때가 된 것 같아요. 집 때문에 융자받은 금액이 좀 부담스럽기는 하지만 조금 더 절약하며 살면 되겠죠. 혹시 생각해둔 차종은 있어요?"

"음…. 요즘 새로 나온 스포츠 레저 지프가 어떨까?"

"가격이 얼마나 하는데요?"

"알아보니 좀 비싸더군. 중형차보다 조금 더 비싼 것 같더라고."

"여보, 이번에는 조금 참고 소형차로 합시다. 집 사느라 은행에서 융자받은 금액도 많이 남아 있는데……."

"아니야, 이번 기회에 꼭 그 차를 사고 싶어. 결혼 전부터 타고 싶었던 차거든."

"애들 교육비에, 은행 이자에, 어떻게 당신이 원하는 것만 생각하세요? 다음에 하세요."

자동차 교체에 대해 아내와 생각이 다르다는 사실을 확인한 김건전 씨가 이 문제를 해결할 수 있는 방법은 어떤 것이 있을까?

이렇게 상대방과 의견 차이가 생겼을 때는 협상을 할 수도 있다. 그러나 때로는 상대방과 주고받는 협상이 아닌 판을 깨버리거나 상대방에게 일방적인 요구를 하거나 무조건 용서를 비는 등의 방법도 있음을 알아두자. 협상만이 능사는 아니다.

1. 협상으로 해결한다

대부분의 경우 협상을 통한 해결이 가장 이상적인 방법이 될 수 있다. 특히 장기적인 관계를 중요하게 생각해야 하는 상황에서는 더욱 그렇다.

협상을 통한 해결 방안이란 상대방과 나 사이의 의견 차이를 서로 양보하여 좁혀가다가 중간에서 해결 방안을 찾는 것을 의미한다. 어떤 자동차를 살 것인지에 대한 아내와의 의견 차이를 확인한 김건전 씨가 택할 수 있는 가장 이상적인 방법은 서로의 의견을 절충하며 합의점을 도출해내는 것이다. 어떤 방법들이 있을까?

- 다른 차량과 비교할 수 있는 자료를 준비해서 지금 당장은 부담이 되어도 장기적으로 봤을 때 어떤 장점이 있는지를 보여준다.
- 결혼 전부터 갖고 싶은 차였다는 점을 주지시키며 감정에 호소한다.
- 아르바이트를 할 수 있는 기회를 들어 경제적 부담이 많지 않다고 설명한다.
- 자신이 가장 원하는 모델이 아니지만 레저용 지프차 중 비교

적 가격이 낮은 모델을 골라 아내를 설득한다.

- 아내의 이야기를 듣고 일리가 있다고 생각하고, 자신도 약간
  양보하여 절충안으로 중형차를 사기로 마음을 바꾼다.

이처럼 상대방과 내가 서로의 처한 상황을 이해하며 의견의 차
이를 극복하는 적절한 과정을 거쳐서 합의에 이르면 장기적인 관
계를 손상시키지 않고 서로가 이해할 수 있는 해결 방법을 찾을
수 있다. 이것이 바로 협상을 통한 갈등 해결 방법이다.

2. 판을 깨버린다

판을 깨면 의견 차이가 없어진다. 여기서 판을 깬다는 것의 의미
는 상대방과의 관계를 단절함으로써 의견의 차이를 없애버리는
것이다. 즉 혼자 결정할 수 있는 상황을 만드는 것이다. 기혼자가
혼자 결정할 수 있는 상황을 만드는 최선의 방법은 이혼을 해버리
는 것이다. 하지만 어떤 자동차를 사느냐를 결정하는 문제 때문에
이혼을 고려한다는 것은 상당히 과장된 상황이다. 그러나 김건전
씨가 지금까지 가정생활을 해오면서 부부간의 갈등이 많았다면
그렇게 커 보이지 않는 의견 차이를 핑계 삼아 이혼을 결정할 수
도 있을 것이다.

때로는 협상 상대방의 의견을 듣고 자신의 의견을 조절하는 것
보다 판을 깨버리는 상황을 만드는 것이 더 바람직한 경우가 있

다. 지금까지의 거래 관계를 생각해보아 다음과 같은 결론에 도달하면 바로 판을 깨는 것이 협상보다 더 나은 상황이 될 수도 있을 것이다.

- 상대방은 달면 삼키고 쓰면 뱉는 언제나 이기적인 사람이다

비즈니스 협상 기술 중 상대방도 만족하고 나도 만족하는 윈윈 전략을 최고로 꼽는 가장 중요한 이유가 있다. 단기적인 이익에 집착하여 눈앞의 이익만 추구하다 보면 장기적으로 많은 것을 잃어버려 생존할 수 없기 때문이다. 장기적인 상호 이익을 추구하는 윈윈 협상의 모습은 나 혼자만의 노력으로 만들어지는 것이 아니다. 상대방의 이해와 참여가 반드시 필요하다. 상대방과 내가 함께 장기적인 안목에서 서로의 이익을 극대화해 나가는 방안을 찾기 위해 노력할 때 윈윈 협상 전략이 비로소 효과를 발휘하게 된다.

그런데 때에 따라서 거래를 하면 할수록 장기적으로 내가 잃어버리는 것이 많아지는 상대도 있기 마련이다. 때때로 우리는 비즈니스 협상을 장기적 안목에서 보기보다 언제나 눈앞의 이익만 추구하는 상대방과 협상을 하기도 한다. 상대방의 이와 같은 협상 태도는 한두 번의 협상 경험을 통해서는 알아내기 힘들다. 그러나 장기적 관계를 유지하며 협상을 하다 보면 달면 삼키고 쓰면 뱉는 사람은 눈에 띄게 마련이다. 이런 사람과는 차라리 거래를 단절하

는 것이 가장 좋은 선택이 될 것이다. 마치 결혼 생활을 시작하면
서 서로 맞춰가며 살려고 노력하다가 도저히 맞춰갈 수 없는 사람
이라는 걸 알게 됐을 때 종종 이혼이 함께 살아가는 것보다 더 좋
은 해결 방법이 되는 것과 같은 이치이다.

- 준비가 되어 있지 않다

협상 성공의 기본은 협상을 시작하기 전 얼마나 제대로 준비하
는가 하는 것이다. 제대로 준비하여 협상 테이블에 앉는다면 얻을
것을 얻어내고 양보할 것을 양보하며 제대로 된 협상을 만들어갈
수 있다. 그러나 때때로 준비되지 않은 상태에서 상대로부터 협상
요구를 받을 때가 있다. 이때는 협상하지 말고 판을 깨버려야 한
다. 상대방의 요구에 맞춰서 상대방이 원하는 시간에 협상을 해야
할 의무는 없다. 상대방이 협상을 하자고 요구해왔을 때를 생각해
보자. 상대방은 틀림없이 협상을 위하여 무엇인가 준비가 되어 있
을 것이다. 그러나 예기치 못한 협상 요구를 받은 내가 상대방과
똑같이 협상을 준비하고 있을 가능성은 매우 적다.

준비된 사람과 준비되지 않은 사람이 마주 앉아 협상을 한다면
결과는 두 가지 중 하나가 될 것이다. 하나는 준비된 상대방에게
일방적으로 당하는 결과를 예측할 수 있다. 또 다른 하나는 자신
의 준비 부족에 기인하는 지나친 조심성으로 인하여 윈윈의 방법
으로 협상을 진행하기보다 폐쇄적인 방법으로 협상을 진행하는

경우이다. 폐쇄적인 협상 진행은 상대방과 나 사이에 감정적 대립을 만드는 결과를 부르게 될 것이다.

시간이 없거나 준비가 되어 있지 않다면 협상 테이블에 앉지 마라. 협상을 시작하지도 말고, 준비가 되었을 때 다시 돌아와 협상을 시작하라.

- 합의한 이후에 후회할 가능성이 있어 보인다

협상을 하는 이유는 단 한 가지다. 협상을 통해서 무엇인가 보다 나은 결과를 만들어내기 위해서이다. 그러나 때로는 협상을 타결하는 것이 협상을 시작하기 전보다 더 나쁜 결과를 만들어내기도 한다. 이런 결과를 가져온 협상 타결은 판을 깨는 결렬보다 못한 협상이다.

다른 곳에는 특별한 취미가 없지만 자동차에 관해서만은 관심이 많던 김건전 씨의 가장 큰 꿈이 스포츠 레저용 지프를 가지는 것이었다고 가정해보자. 김건전 씨는 결혼을 하면서 내 집 마련이 가장 큰 소원인 아내를 만나 10여 년간 참아왔다. 그리고 이제야 차를 바꿀 수 있는 절호의 기회가 찾아왔다. 김건전 씨의 소원을 제대로 이해하지 못한 아내는 어떤 차를 선택하느냐 하는 결정을 대수롭지 않게 생각한다. 경제적인 면만 고려해서 김건전 씨의 의견을 꺾으려 하고 있다.

이런 상황에서 김건전 씨가 아내의 의견에 진정으로 동의하지 않은 채로 자신의 생각을 양보하여 값이 싼 자동차를 사면 어떤 일이 일어날까? 자동차를 산 다음 날부터 후회하게 될 것이다. '아내는 왜 자신의 생각만 하고 내가 원하는 것에 대해서는 이해해주지 못할까? 지금까지 아내의 요구에 맞춰서 구두쇠라는 소리까지 들어가며 절약해왔는데 평생 소원인 자동차 하나 내가 원하는 것을 못 타게 하나.' 하는 생각이 자동차를 탈 때마다, 길거리를 다니며 자신이 원했던 스포츠 레저용 지프를 볼 때마다 머릿속에 스쳐 갈 것이다.

이런 생각을 하며 산다면 김건전 씨는 결렬보다 못한 타결을 한 것이다. 양보를 해서 다른 차를 사기보다는 자신의 의견을 강하게 주장해서 아내가 받아들이지 않으면 차라리 문제가 된 차를 폐차해버리고 당분간 차 없이 지내다가 다시 아내와 협상할 수 있는 기회를 갖는 것이 좋을 것이다. 기왕에 시작했으니 끝을 내야 한다고 생각하기보다 타결의 결과를 생각해서 협상을 결렬시키는 것이 나을 수도 있다.

판을 깨는 협상 결렬은 최소한 두 가지의 장점을 가지고 있다.

첫째, 협상 결렬의 결과는 '지금의 상태보다 더 나빠질 것이 없는 상태'를 의미하므로 타결 때문에 후회하는 일을 방지해준다. 둘째, 지금의 협상 결렬은 다음에 다시 협상을 시작할 수 있는 가능성을 남겨두는 것이다. 하지만 잘못된 타결은 앞날의 가능성도 함께 없애버리는 것이 된다.

20대 초반의 김빈녀 씨는 얼마 전 사채업자로부터 급전 500만 원을 빌렸다. 그때만 해도 친구에게 빌려주었던 돈을 받아서 갚으면 되겠지 하는 생각이었다. 그러나 그렇게 믿었던 친구는 잠적을 해버렸다. 얼마 후면 갚을 수 있으리라고 생각했던 김빈녀 씨는 불어나는 이자를 감당하지 못해 결국 신체 포기 각서까지 써주어야 했다. 내일이 신체 포기 각서까지 써주면서 연기해온 원금과 이자의 상환 기일이다.

김빈녀 씨의 경우처럼 때로는 처한 환경이 지극히 열악해서 상대방과 협상을 하더라도 얻어낼 것이 없고, 일방적으로 모든 것을 손해볼 수밖에 없는 경우에 처할 때가 있다. 돈을 마련하지 못하면 신체 포기 각서를 요구하는 방법으로 사채업을 하는 사람과 김빈녀 씨는 내일 어떻게 협상을 할 수 있을까? 김빈녀 씨가 택할 수 있는 길은 이자와 원금을 다 가지고 가서 갚든지 아니면 자신의 몸을 상대방의 처분에 맡기든지 두 가지 방법뿐이다. 만약 상대방과 협상을 하더라도 김빈녀 씨를 더욱더 어려운 상황에 빠지게 만들 것이다. 상황의 구성은 어떻게 만들더라도 자신이 얻어낼 것은 하나도 없고 잃을 것만 있는 상태에 빠져 있는 것이다.

이와 같은 상황에서는 협상을 생각하지 말고, 다른 방법으로 문제 해결을 생각해야 한다. 모든 것을 잃어버릴 수밖에 없는 상황에서는 상대방을 찾아가서 주고받는 협상을 하기보다는 협상 외의 다른 대안을 찾는 것이 현명한 방법이 될 수 있다.

3. 절대 양보하지 않는다

협상 테이블에 앉기는 하지만 의견을 양보해서 타결하려는 노력을 하기보다는 자신의 주장을 절대로 굽히지 않는 것이 바람직한 경우도 있다. 절대 양보하지 않고 자신의 주장을 끝까지 고집하는 것이 윈윈 협상을 만들기 위해서 자신의 주장을 양보하는 것보다 훌륭한 결과를 만들어낼 때도 있다는 것을 명심할 필요가 있다.

– 근본적인 원칙에서 벗어나는 요구를 받았다

때때로 상대방에게 탈법, 혹은 위법을 해야 하는 양보를 요구받을 때가 있다. 이런 요구를 받으면 자신의 주장을 절대로 굽히지 말아야 한다. 체제가 어느 정도 안정된 사회에서는 위법 혹은 탈법에 대한 대가를 치러야 한다. 그리고 이런 협상 타결을 통하여 얻어온 모든 것을 한꺼번에 날릴 수 있는 위험이 있다. 이런 위험을 감수하며 협상을 타결하는 비즈니스 태도는 잃을 것이 아무것도 없는 사람이나 생각해볼 수 있는 것이다.

조금만 깊이 생각해보면 나는 지켜야 할 것이 너무도 많은 사람임을 알 것이다. 지금까지 쌓아온 명성과 가족, 정도의 차이는 있겠지만 보유하고 있는 경제력 등 한 건의 협상 타결을 위해 모든 것을 걸기에는 너무 많은 것을 가지고 있는 것이다. 위법을 부르는 상대방의 요구에는 절대로 양보하지 말라.

– 상대방의 요구를 들어줄 여유가 없다

내가 가지고 있는 모든 역량을 동원해도 상대방의 양보 요구를 들어줄 수 없는 경우가 있다. 휴대전화기에 들어가는 부품 생산 업체를 운영하는 K 씨의 경우를 살펴보자.

K 씨는 수년에 걸쳐 기술 개발에 투자한 결과 일본에서 수입해야 하는 핵심 부품을 개발하는 데 성공했다. 개발 성공은 공급 가격을 절반 이하로 낮출 수 있음을 의미했다. 뿐만 아니라 휴대전화기의 성능 향상을 가능하게 해서 제품 경쟁력을 높일 수 있도록 하였다.

부품이 시장에 소개되자마자 주문이 밀려들었고, 현재 운영하고 있는 공장 시설로는 도저히 소화할 수 없는 상태였다. 이때 한 휴대전화기 생산업체에서 주문을 받았다. K 씨가 택할 수 있는 협상 전략은 상대방의 기분을 상하게 하지 않는 완곡한 방법으로 가격이나 다른 조건에 관해서 협상의 여지가 없다는 사실을 전달하는 것이다. 이런 상황에서 상대방의 가격 인하 요구나 지불 조건 등에 관한 협상에서 양보하는 것은 현명한 방법이 아니다. 다만 상대방과의 지속적인 관계를 위해 K 씨가 최선을 다하고 있는 모습을 보여주는 노력을 하면 되는 것이다.

4. 용서를 구하고 상대방의 처분에 따른다

얼마 전 직원이 운전하는 차를 타고 급히 일을 보러 가다가 황색 신호등일 때 좌회전을 했다. 때마침 교통경찰이 신호 위반 단속 중이었는데, 직원은 사장과의 동행이라 그랬는지 내가 보기에도 분명히 황색 신호등에서 건넜는데도 불구하고 잘못을 인정하지 않고 끝까지 위반하지 않았다고 버티는 것이었다. 황색 신호등에 멈춰 서기보다는 가는 것이 안전하다고 생각해서 그렇게 했다고 자신의 주장을 굽히지 않자 예의 바른 교통경찰은 잘못을 인정하지 못하겠다면 나중에 절차를 밟아서 항변을 하라는 친절한 설명과 함께 교통 위반 과태료 통지서를 발부했다.

또 이런 경험도 있다. 미국에서 귀국한 지 얼마 되지 않아 가족을 태우고 운전을 하다가 교통 위반을 하였다. 황색 신호등을 보고 정지를 하려고 하는데 신호등의 위치가 미국과 달라 정지선에 제대로 서지를 못해 위반을 하고 말았다. 교통 정리를 하던 교통경찰이 차를 세우더니 신호 위반을 했다면서 운전면허증을 제시해달라고 요구했다. 교통경찰의 요구에 솔직하게 시인하고 이해를 구하였다. 귀국한 지 얼마 되지 않아 익숙하지 못해서 실수를 했으니 선처를 부탁한다고 말했다. 처음 단속할 때의 기세로 봐서는 과태료 통지서를 받지 않고서는 방법이 없을 것 같았다. 그러나 솔직하게 잘못을 인정하고 처분만 바라겠다고 했더니 스티커를 발부하는 대신 다음부터 조심해서 운전하라는 경고를 받는 것으로 끝이 났다. 교통경찰의 입장에 볼 때 범칙금을 부과하는 것이 목표가 아니라 위험한 일이 발생하는 것을 예방하는 것이 목적이었을 것이다. 솔직하게 시인하는 모습을 보며 앞으로 같은 잘못을 반복하지 않을 것이라고 판단하여 경고 조치를 하는 것만으로도 교통경찰의 임무를 충실하게 수행하는 것으로 생각한 것이다.

때로는 상대방에게 무엇을 요구하기보다는 모든 것을 인정하고 상대방의 처분만 바라는 것이 더 좋은 결과를 가져다줄 때가 있다. 내 잘못을 상대방도 알고, 나도 알고 있는 상황에서 취할 수 있는 가장 좋은 방법은 상대방에게 용서를 구하고 처분을 바라는 것이다. 이렇게 상대방에게 용서를 구할 때 내게 주어지는 최악의 경우는 내가 잘못한 것만큼의 대가를 치르는 것이다. 그러나 많은 경우 잘못을 인정하고 용서를 구하면 상대방도 관대함을 보여준다. 대부분의 경우 상대방에게서 무엇인가 얻어내기 위하여 협상을 시도하는 것이 사실이지만, 상대방의 관대함을 기대하는 편이 더 좋을 때도 있는 것이다.

협상 실패는 당연한 것이다

협상에서 성공적인 결과를 만들어낼 가능성은 얼마나 될까?
대답은 "항상 성공적인 결과를 얻어내는 것은 불가능하다."이다.

"저는 자칭, 타칭 협상 전문가입니다. 여러분이 생각하시기에 제가 협상을 하면 성공 확률이 얼마나 될 것 같습니까?"

"전문가이시니까 언제나 성공하실 것 같습니다."

"아마 70~80퍼센트는 되지 않을까요?"

협상 기술 향상을 위한 수업에 참여한 사람들에게 던져본 질문과 그에 대한 답변이다.

과연 협상을 하여 성공적인 결과를 만들어낼 가능성은 얼마나 될까? 이런 질문을 스스로에게 던져서 얻는 답변은 언제나 "항상 성공적인 결과를 얻어내는 것은 영원히 불가능할 것이다."이다. 어차피 실패할 가능성이 언제나 있는 것이 협상이라면 되는 대로 직관에 따라 협상해야 하는 것이 아닐까?

이렇게 실패했던 협상들이 떠올라 협상 성공을 위한 노력을 포기하고 싶은 생각이 들 때 나는 야구 선수를 생각하고는 한다. 상대적으로 고액의 연봉을 받는 프로야구 선수들이지만 이들 사이에서도 성적에 따라 연봉이 크게 달라진다. 특히 타자의 경우 타율이 얼마나 되는가 하는 것은 연봉에 직접적인 영향을 미친다. 평균적인 타자는 대체로 2할대 중반의 타율을 가지고 연봉 협상을 한다. 뛰어난 성적을 올려 국민 타자로 불리는 선수는 3할대 초중반의 타율을 앞세워 연봉 협상을 한다.

우리나라 프로야구 최고 타자라고 인정받는 타자는 100번 타석에 나와서 34번 정도의 안타를 친다. 이 선수의 연봉은 10억 원을 훌쩍 넘는다. 같은 팀에 소속되어 있는 평균 타자는 100번 시도에 26개 정도의 안타를 치고, 연봉은 1억 5,000만 원이 채 되지 않는다. 1년 내내 야구를 하면서 살아가는 프로야구 선수들인데 100번 타석에 섰을 때 8개 정도의 안타를 더 치는 능력에 따라 인생이 달라진다. 1억 5,000만 원 받는 선수가 안타를 만드는 확률을 8퍼센트만 올릴 수 있다면 이 선수는 당장 연봉 협상에서 몇 배의 금액을 요구할 수 있을 것이다. 크지 않아 보이는 성공 확률의 차이가 결과에서는 큰 차이를 만들어낸다는 것이다.

우리는 매일 순간순간 협상을 하면서 살아가고 있다. 사람과 상대하면서 살아가는 시간의 대부분은 협상의 연속이다. 집안에서는 아내, 자녀와 협상을 한다. 직장에서는 동료, 상사, 혹은 부하직원과 의견 차이를 느끼며 협상을 한다. 회사 밖으로 나가면 거래처 사람을 만나서 하는 일이 협상이다. 이사를 할 때도 그렇다. 집을 팔기 위해서도 협상을 하고, 이삿짐 센터와도 협상을 한다. 새로운 집을 찾아서 살 때도 협상을 하며, 새로운 집을 채울 가구를 사면서도 협상을 한다. 우리는 프로야구 선수들이 타석에서 투수와 맞서 대결하는 것보다 훨씬 더 많은 수의 협상을 하면서 살아가야 하는 것이다.

이렇게 많은 협상을 하는 우리가 협상 성공의 확률을 5퍼센트만 올릴 수 있다면 야구 선수들이 10퍼센트의 타율을 올리는 것보다 훨씬 더 큰 차이를 인생에서 만들어낼 수 있을 것이다. 아무리 노력해도 실패할 가능성이 언제나 있는 협상이지만 협상을 잘하기 위해 끊임없이 노력해야 하는 이유를 여기에서 찾을 수 있다. '조금씩 잘하게 되는 것'이 우리의 인생을 바꿔놓을 수 있다.

비즈니스 협상론

1판 1쇄 발행 2023년 9월 18일
1판 5쇄 발행 2024년 7월 17일

지은이 김병국

발행인 양원석
편집부 담당 이아람
영업마케팅 양정길, 윤송, 김지현, 정다은, 백승원

펴낸 곳 ㈜알에이치코리아
주소 서울시 금천구 가산디지털2로 53, 20층 (가산동, 한라시그마밸리)
편집문의 02-6443-8855　　**도서문의** 02-6443-8800
홈페이지 http://rhk.co.kr
등록 2004년 1월 15일 제2-3726호

ISBN 978-89-255-7594-0　03320